EDUCATION
AND
ETERNITY

大夏书系·名家谈教育

教育与永恒

李政涛 著

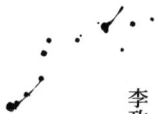

华东师范大学出版社
ECNUP
全国百佳图书出版单位

献给——我的父亲李孝懋先生和我的母亲杨小燕女士，
他们是我的生命中最早和最重要的"教育者"。

在"人"与"永恒"之间，挺立着"教育"。它以挖掘和实现人之生命成长的无限可能性的方式，实现了人与永恒的相互牵手，并肩而立……

目 录

c o n t e n t s

致 未 知 的 读 者

这一年，不会萧索而过，
它让一月开花，五月结果。
六月的绽出，让一个世界显现，
呼吸日渐纯粹，注入摇荡的灵魂，
在有回声的地方，闪着微暗的火。

我还能看见你，
对节气敏感的眼睛，
把你卷入精神的万流。
没有谁比我更像你往世的容颜，

生动的宁静，宽恕的眼泪，
擦去了蒙住时间的灰尘。
那些病愈后的枝叶，
自动聚拢到根的周围，
放声歌唱荆棘装扮的花冠。
一个词，醒来了，
另一个词，依然沉睡，
它在梦中鼓起新鲜的风暴，
声音寻找声音的旅程，开始了吗？

在人与永恒之间，教育何为？

life
▽
forever
△
education

30 年前，我把随手记下的点滴人生感悟汇集起来，整理成一本小书出版，书名叫《人与永恒》。出版不久，赣南师院的一个大学生读到这本书，无比喜欢，一字一字抄录了全书。他描述当时的感觉说："在一瞬间，我领会了哲学的力量，思想的力量。"30 年后，这个大学生已经是一位知名的教育学家，但仍然不忘当年充满喜悦的激动，也用点滴感悟的形式写下他对教育的思考，于是有了这本《教育与永恒》。

书有自己的道路。一个作家写了一本书，他不可能知道他的书会以何种方式与不同的人相遇，灵魂的共鸣会以怎样出其不意的方式发生。人与人之间这种精神交感和影响的奇妙现象，每每令我感动和喟叹。

由《人与永恒》触发，李政涛教授写了《教育与永恒》，按照我的理解，此书要追问的问题便是：在人与永恒之间，教育何为？

人，生存于宇宙之中，宇宙是永恒的存在，人的生命却很短暂，在人与永恒之间，似乎隔着无限的距离。但是，人不甘于短暂，要寻求永恒，人类的一切精神生活皆是为了铺设一条超越之路，使人能够达于永恒。哲学和科学，用理性的思考铺路，以求达到的永恒是真。诗和艺术，用情感的体验铺路，以求达到的永恒是美。宗教和道德，用意志的自律铺路，以求达到的永恒是善。人类精神的这三种形式，在教育中融汇，教育的目标正是要使理性、情感、意志这三种精神能力得到良好的生长，培养人性意义上优秀的人。好的教育培养出来的人，拥有自由的头脑，丰富的心灵，善良、高贵的灵魂，这样的人就会成为肩负着人类使命的践行者，在他们身上，我们看到了人类朝向真善美行进的努力和希望。

当然，这只是我的回答，而且相当笼统。在本书中，作为教育学的研究者和教育事业的实践者，作者给出了具体的回答，贯穿在各个章节中。对于作者来说，"教育与永恒"这个题目有双重涵义。其一，教育是他为自己选定的永恒的志业。其二，教育本身是对人类永恒的精神价值的追寻。教育者心中有永恒之目标，在教育的路途上尽管仍然会有迷惘，但内心是明亮的，前程是光明的。

本书的风格，是诗性的感悟，直觉的捕捉，自问自答式的内心独白和质疑。我欣赏这样的风格，随处有真知灼见闪烁，下面仅举几例。

关于教育的作用。教育是这个世界上最重要的十字路口，通往不同的方向，铸造不同的人生；但是，教育也有限度，是对人生限度的有限突破，它在个体身上最大的成功，就是最大限度地克服了这个人的人生限度。

关于教育与时代的关系。教育在时代面前要保持独立性，不向风云变幻的时代妥协，而应该让时代向守护永恒价值的正确的教育妥协；优秀的个体要在自己身上克服时代，在没入时代的深水畅游之时，经常伸出头来仰望天空。

关于教育时间。现在学校制定的时间表贯穿着权力逻辑，是对人的肉体的操控，导致肉体丧失了精神和理性；教育时间设计中极大的弊端是"满"和"精细"，导致了机械化和碎片化的人生。

关于学校。正向问：学校是一个什么样的地方？是给学生以欢乐和希望，还是带来恐惧和厌倦的地方，是给学生以生长和发展，还是带来束缚和压制的地方？反向问：学校不是什么？不是生产物质财富的企业，不是推行行政逻辑的机关，不是让教师无条件服从长官命令的兵营，不是全方位管控师生的监狱，等等。正向和反向的诘问，皆促人反省创立学校的初心，学校遭遇的诸多困境，根源往往在于不把学校当学校。

读者可以看到，上述种种思考，都是在回答这个问题：在人与永恒之间，教育何为？

如果说，作者把本书当作对我的致敬之作，那么我的这篇序言便是对作者的回敬之言。这个回敬，同时也是一个新的致敬，我以此向中国教育界一位有良知和独立思考的学者表达敬意。

周国平

2019 年 5 月 1 日

生命永恒，
教育永恒

life
▽
forever
△
education

1

本书的感发，缘起于《人与永恒》。

周国平的灵思火花点燃了我对教育和永恒的思索。

30 年后，我依然记得 1989 年的某个冬夜，那具从未丰腴过的肉身，蜷缩在赣南师院那间凄冷的教室里手抄此书时的场景：

窗外是茫茫黑夜，沉寂如铁，我的内心交织着澎湃与安宁，这是一种奇妙的矛盾的交融……

没有什么比席勒的这番话，更能准确表达我当时的感受了：

"只要人的内心点燃起烛光，身外就不再黑夜茫茫。只要人的内心平静，世界上的风暴就不再喧响。"

从那一刻起，我领悟了什么是动人心魄的语言方式：

"它有疼痛，但不锋利；有伤感，但不浓烈；有顿悟，但不说教。"

在一瞬间中，我领会了哲学的力量，思想的力量。

2

此书来自我对"教育"和"永恒"的生命体验。

从过去之"我"到现在之"我"，对永恒的凝视与求索，从未改变。

这可能是"青春"的标志之一：

拥有对永恒的渴盼、痴迷和沉思。

果真如此，我是幸运的，幸福的……

我或许会永葆青春。

3

本书是一本致敬之作。

致敬周国平先生，致敬仍然与我生命同在的青春岁月；

致敬我那已至垂暮之年的父母，他们赋予了我生命，给予了我奠基性的教育，也催生了我对生命与教育的连绵不断的感悟；

致敬我的恩师叶澜先生，她引领我进入教育学的世界，让我从此拥有了属于教育学的人生，更重要的是，让我对"教育学的永恒"产生了永恒的希望与盼望；

致敬我的妻子文娟女士，她的陪伴与爱护，已成为我内在生命的一部分；

致敬所有带给我人生启迪、教育启迪、永恒启迪的人，他们是我的家人、亲人、师长、学生与朋友……

降落在此世之我，与他们的相逢、相遇、相知，让我的人生增添了美好的意蕴……

4

以"教育之眼"看永恒，以"永恒之眼"看教育。

5

当我写下这个书名的时候，即刻置身于这样的漩涡里：

永恒的可能与不可能……

我立即处在一种纠结中：对永恒的渴望和对永恒的绝望……

6

有教育的地方，就有永恒。

教育属于永恒世界的一部分。

因为与永恒有关，教育的价值已无须多言。

为什么教育可以永恒？因为人生永恒。

有人生的地方，就有教育。

有教育的地方，就有永恒。

7

教育属于永恒世界的一部分。

因为与永恒有关，教育的价值已无须赘述。

只要与"教育"同呼吸、共命运，"永恒"就有了依托。

8

教育是人类永恒的影子。

9

当"教育"站出来，和"生命"站在一起，生命的意义
得以显现了，得以绽出了……

当"生命"走出来，和"教育"并肩，教育就有了前行的目标与勇气，它知道，教育必须对"生命"承担责任，必须为这个生命走向美好的人生做些什么，必须对美好的人生有所作为。

10

世界上有无数幸福或痛苦、长久或短暂、忠诚或背叛的婚姻，只有教育和生命的联姻，是天长地久、白头偕老、绵绵无期的。

虽然这种联姻中同样饱含着各种背叛、痛苦和折磨。

11

我为什么要书写这样的文字？

与那些鸿篇巨制，皇皇巨著相比，它们至多是些一鳞半爪的呓语、喟叹和低吟，纯属于我的教育灵魂的私人记录……

它们没有大时代大思想的力度，与黄钟大吕般的时代之声不相吻合，只是一些不合时宜的琐屑话语，甚至只是一些不着边际、没有实际功用的连篇废话，但它们浸润了我的情感，并因此有了体温，还融入了些许思维和理性，它们汇总为自我生命的留言本与记录本，其中有我的力量和无力，也有我的自信和自卑……

12

人在，教育在。

人的生命与教育同在。

我不敢，也不能说："我在，教育在"，但可以小心翼翼，谨小慎微地加上一句："教育在，我在"。

然后，长吁一口气，放下笔，默默地备课去了……

13

今日我的灵魂，是教育的灵魂。

此话有三重含义：

我的灵魂是教育的产物，我的灵魂属于教育，教育就是我的灵魂。

哦，还有另外一层隐秘的内涵：

经过多年的流亡漂泊之后，我的灵魂"叛逃"到了教育的世界，并且在那里安顿下来。这种安顿是一生的安顿。

我的一生，从此成了皈依教育的一生。

14

教育的路是生命的路，这条路随着生命成长而逐渐延伸。

经常发生的戛然而止，不是因为生命成长停止了，而是在这条路上已经看不到生命的本来面目了，它持续在走，但已经不是按照生命原本的方式在走。

这条路越走越弯曲，直到最后，我们看不到生命的踪迹了。

路还在那里，成了荒凉之路。

15

网络时代的狂欢，不只是视频、图像的狂欢，更是文字的狂欢，谁都可以进入其中尽情书写，留下自己的文字印记，随之带给我的最大的恐惧是：

我一次次目睹，那些或欢呼雀跃，或嘶吼狂吠，或安宁沉静的文字，一律变成了沙滩上的文字，很快会被后来的潮水席卷抹去……然后，一切重新再来。

写作，使人永恒？什么样的写作与文字能够永恒？

我不知道。

我只知道，此刻，自己正站在沙滩之上……

16

微信时代的新文体？

没有这样的奢望。还是回到原点，汲取传统的力量。

复调式写作？

确实，是我一直想尝试的。

的确，很难。

教育式写作？

罗兰·巴特区分了政治式写作、小说的写作和诗的写作，不出所料，"教育"不在他的眼里。

教育在我的眼里。

17

"求不得苦"，是释迦牟尼感悟到的"人生八苦"之一。

"求不得永恒之苦"，是全体人类共同的宿命。

18

覆盖，是我们时代的特质。

所有制作或创造出来的东西，无论技术、器物，无论思想、观点和方法，无论名人、明星，都随时可能被一波波的后来者覆盖，一层层地被后继者覆盖，被涂抹，直至湮灭消亡。

永恒在哪里？这是悲壮或悲剧性的叩问。

不管答案如何，有一点足以确信：对永恒的追问，是永恒的。

追问教育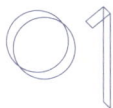

1

教育是一种看待世界的眼光。

以教育之眼看人世沧桑，以教育之眼看宇宙世界，看天地自然。

2

我扪心自问：

我的灵魂，是否配得上从事教育？

我的精神生活，是否配得上从事教育研究？

3

教育与神秘有关。

教育是神秘之事，它拥有最迷人、最持久的秘密。

这个道理，不是我在孩童时听父母讲道理明白的，也不是读了万卷书才明白的，而是做了老师后才有所领悟的。

教育是神秘的黑森林。它包裹着生命的湖泊与山川，回响着各种奇妙的生长之声……

最幽深的声音，是人的生命在教育中成长的声音，它是尚未被解密破译的"成长交响乐"。

这种神秘的交响乐，滋养了一代代以教育为业的人。

这种神秘，不限于童年的教育，适用于各人生阶段的教育，包括成年人的教育，它们表面看起来愈发干瘪无味，但却有着浩大沉重的神秘之力。

4

教育需要有神秘感。

神秘赋予教育探索的力量。

5

教育之谜，是生命成长之谜。

教师和学生，是共同的猜谜、解谜者。

6

教育，为"谁"的教育？

为政治的教育，为经济的教育，为文化的教育，为技术的教育？

还是，为人生的教育？或者，为教育的教育？

只有解决了"教育为谁"的问题，才会有"好教育"，才会有正确、合理的课程与教学。

7

教育不只是沉思出来的，还是做出来、实践出来的。

然而，没有沉思的教育，与驯兽活动基本等同。

8

好教育，注定是一个深入浅出的过程。

但往往糟糕的是：教育者还没有"深入"，就开始"浅出了"。

9

教育是一种"现象"，"显现之象"即"现象"。

教育即显现，把对于受教育者而言，一个陌生的世界——那些在场的和不在场的知识、经验，以系统的有计划的方式显现出来。

显现即敞开，敞开带来生命的成长与发展。

显现，具有教育与生成的力量。

在这个意义上，现象学是最适合教育的一种哲学。

10

教育中的"显现"与"敞开"是双向的：教师与学生相互显现、相互敞开，因而双向构成、双向玉成。

11

什么才是"真懂教育"且进入了"教育"？或者说，真正"进入了教育"？

至少有两个标准。

第一个标准，是否对教师平时怎么工作，学生日常如何学习有透彻的了解？

所谓"透彻"，是要理解他们究竟教了什么，学了什么，以及为什么这么教、这么学，而不是抽象笼统地"知道"他们"在教育"，或者只对"教育结果"评头论足。

第二个标准，是否明了如下问题：

儿童要达到理想的成人目标，在受教育的过程中需要经历哪些不同阶段？不同阶段的特征、困难和障碍是什么？

为此，教育者需要分别给予不同阶段的生命什么知识、方法、习惯与能力？

最重要的是，要克服这些不同阶段的困难和障碍，教育者需要做些什么？

12

最懂教育的人，是懂"教育过程"、"教学过程"的人。

世上有太多针对教育的评论者，但不少是一些只能"指点江山的人"。

他们习惯于做旁观者，也能显出很在行、很热闹的样子，但主要是敲边鼓，边鼓可以敲得声势浩大、精彩绝伦，但终归只是"边鼓"，敲不到教育的"内芯"。

教育的"内芯"是真实、具体、微观的教育教学过程，它的实质是一个活泼泼的生命如何在教育活动中持续成长的过程。

最懂教育的人，是能深入到教育教学的过程中"打江山的人"，也是能"点染江山的人"。

13

如果以"教育过程"为视角，世界上存在两类与教育有关的人。

一类是在外面"看教育"、"评教育"的人；

一类是在里面"做教育"的人。

不是说，"看"与"评"没有任何价值。

只是很多时候，在里面的"做"，远比在外面的"看"与"评"更重要。

14

教育的过程，是不断勘探生命存在的过程，是向生存的荒凉地带不断进发的过程。

15

可以这样描述"教育中促进生命成长的过程"：

雕刻受教育者生命经验的纹路，让模糊的清晰起来，简单的丰富起来，扭曲的正直起来，阴暗的光明起来……

同时，在细密繁复甚至琐碎的经验之下，建筑一条隐秘的精神成长通道，使之有效地抵达受教育者的心灵内核。

16

每一个生命的成长过程都是独特的，每一次教育都是独一无二的。

教育的思想、观点、方法可以复制，教育的过程不可能重来。

17

教育首先是一种"预测"，预测每一位受教育者的未来命运，展现他们应该走到，也可以走到的生命之境。

随后，教育是一种"创造"，为受教育者创造一种新的人生。

那是不接受某种教育，不经历某种教育过程，就不可能拥有的人生。

18

"教育"是人类最大的难题。

这不仅是因为教育面对的是人，而是"人"本身就是一个巨大的难题。

有人说："世界上最难的事情有两件，一是把你的钱装进我的口袋；二是把我的思想装进你的头脑。"

教育之难，在于要把人类已有、教师头脑里存有的那些最好的思想、经验与知识"装进"学生的头脑里。

19

"装进"不是"填进"、"塞入"，也不是"装卸"后的"搬运"，而是"转化"。

教育即转化。

教育者有自己的想法或思想，但不能自言自语，他得让自己的所思所想变成受教育者的所思所想。

教育之难，是转化之难。

20

与一般的思想者和实践者相比，教育者存在的价值不在于创造了多少新鲜的知识和思想，也不在于形成了多少做事的方式，而在于让已有的思想和实践经验被更多的人知晓，并且因为这种获悉生发、创造出更多的思想和经验。

21

教育？还是培训？

教育常常被缩减为培训。

培训无非是为了掌握某种技能（如使用电脑、开车等）而进行的训练。

教育离不开"训练"，但不止于、更不等于训练。

教育需要再往前走一步，还要启迪人的智慧，培育人的人格。

培训可以速成，且必须速效，"马上就要用"的召唤如擂鼓般在培训者的耳朵旁反复回响。

这种召唤具有的"魔力"，湮没了对人的智慧与人格的呼唤。

结果，技能有了，智慧没了，人格丢了。

22

一旦教育被视为培训，教师与学生的关系就演变为培训者和被培训者的关系。

教育的异化，是从这种角色和关系的异化开始的。

23

人类赋予教育使命与重任的方式，在于提出了"既要……又要……"的要求与期待。

《学会生存》中是这么说的：

教育既要保持一个人的首创精神和创造力量，又要不放弃把他放在真实生活中的需要；

教育既要传递文化，又要不用现成的模式去压抑他；

教育既要鼓励发挥他的天才、能力和个人的表达方式，又要不助长他的个人主义；

教育既要注意每一个人的独特性，又要不忽视创造也是一种集体活动。

马里坦在《教育在十字路口》中是这样要求教育的：

教育既要培养人的自由感，又要形成责任感；

教育既要注重人的权利，又要注重人的义务；

教育既要培养为普遍的利益去冒险和行使权威的勇气，又要培养对每一个个体的人性的尊重。

这样的教育，既是在走钢丝，又是承担了不可承受之重。

24

"教育"不是通向"十字路口"，教育本身就是"十字路口"。

这个世界上最重要的十字路口通往不同的方向，铸造不同的人生。

2 5

成功的教育，一开始必定是有痕化的，把各种教育目标和内容牢牢地扎进受教育者的心灵深处，让它流汗、流泪甚至流血。

无痕化的教育，是最成功的教育，也是最稀少的教育。

2 6

好教育，是宽大、温暖的教育。

古往今来的教育不缺聪明的教育，甚至也不缺有智慧的教育，但聪明可能用来掩盖罪恶，智慧是天籁之音，可仰望而不可学习。

唯独欠缺宽大如海洋、高远如天空的教育，缺乏温暖如春，温润如玉的教育。

2 7

好教育，是引导学生既能面向人类的幸福，也能直面人类的苦难的教育，它既是追寻幸福的教育，也是救赎人生苦难的教育。

28

教育如何变成一种纯粹的美？如水晶般透亮、如金子般闪光、如白雪般纯洁……

这是童话。

即便如此，我仍然对那种不含任何杂质的教育心怀向往，美就在山顶上，我们身背重负朝上攀登……

登到山顶的人，有两种可能：

发现自己竟然站在了喜马拉雅山的顶峰；

不知道自己身在何处，只知道山下的世界美如斯。

两种可能都把山顶本身的美遗忘了。

29

教育的光辉在哪里？

在于让生命成长的力量；

在于教育者那爱的眼神和柔情……

30

教育如诗，因为生命如诗，生命成长如诗。

好的教育者必定是一个诗人。

即使他不一定能够写诗。

31

教育就是挖矿。

挖出学生精神世界里一切可以转化为教育资源的矿石。同时，这也是一个采掘教育自我生命之矿脉的过程。

谁采掘了自己，忽视了学生，或者采掘了学生，忘记了自己，都是对生命的浪费。

32

教育即采掘。是教育者与受教育者的相互采掘。

真正的教育过程是这样的：

教育者和受教育者互相往对方灵魂深处放置铁铲，采掘对方的资源，然后再倒回自身开始熔炼。

每个人的生命品质和精神品质的高低厚薄，取决于他在这一过程中采掘熔炼的数量和持续时间的长度。

33

我时常有悲凉之感。即使面对应当喜悦之事、幸福之事，依然难掩心中悲怆：这些幸福可能转瞬即逝，不可慰留，我要用多年的光阴去追逝它们……

生命的瞬间感、无常感、幻灭感，影响到了我看教育的眼光：

那些精彩的教育瞬间，如何才能永存，且永远流传下去？

已然显现的精彩，都不可复现。我们至多能够在另一次精彩中瞥见这一次精彩的影子。

然后，它又倏忽即逝了……

3 4

教育是一种具有生长力的召唤和应答，是教育者与受教育者的相互召唤和相互应答。

人间的教育，常常听到的是没有应答的召唤和没有召唤的应答，看到的是听不到召唤或应答的焦虑和失落。

坏教育的特征之一，是对召唤的误听、漠视或拒斥。

3 5

教育的本质是孤寂的。一颗贪图热闹的心灵，收获的依然是荒凉。

今日的教育，展现了太多的热闹，将来也会收获更多的荒凉。

36

教育的魂魄在哪里？

它一直在世界的隐秘处飘荡，寻找自己在人间的家。

37

面对人性的暗夜，教育何为？

有时候，教育会有意无意间被这种暗夜裹挟其中，成为新的暗夜生成之地。

教育有时可能成为黑暗的帮手，甚至始作俑者。

38

厚朴的教育，清淡的教育，温润的教育，悄然无声的教育是最高境界的教育。

39

教育的优雅，有的是急匆匆中显现的优雅，有的是从容甚至悠闲的优雅。

最难得的是，以"奔而能忍"、"奔而能静"的方式在奔忙劳碌中保持心态从容的优雅。

40

那些让人心碎的教育，遍布我们的世界，绵延各个时代，犹如令人心惊的空难现场……

41

让孩子们那些模糊、隐忍和深微的生命体验，通过课堂教育智慧的细节解读，走向清晰、透彻和宽广。

教育丰富了人的生命体验，拓展了人的生命体验的边界。

这是教育对于人生最大的丰富。

42

教育即写作。

不断在受教育者的心灵中写出成长的文字，终身和他们共同去修改和校正它们。

43

科技改变世界，人文奠定根基，教育引领未来。

这是人类文明中的永恒旋律。

44

　　无论世间的教育有多少漏洞，多少残缺，但教育依然有着动人心魄的美，我们所能做的，除去弥补种种漏洞和残缺之外，还要尝试去赞美这残缺的教育世界。

　　它值得我们努力赞美，绵绵不绝地赞美。

02

人生中的教育

1

"假如离开了人，存在必喑哑；它将继续存在那里，却与真理格格不入。"

海德格尔如是说。

我们同样可以如此说：

假如离开了教育，人之存在必喑哑；

生活将会继续，却与人本身无关。

2

我的教育，就是我的人生……

这是我对教育与人生关系的第一声喟叹。

我接受了什么样的教育，就经历了什么样的人生。

3

某一个人的生命或许可以复制，但人生不可复制，更不可重来。因为他所受的教育历程不可重来。

与其说，这个人就是这个人，这个人不是那个人，不如说，这个人的教育就是这个人的教育，这个人的教育不是那个人的教育。

所以，每个人都是宇宙中的"独一无二"，都是天地自然中的"唯一"。

4

什么时候读懂了人生，就读懂了教育。

什么时候读透了教育，也同时读透了人生。

此时此刻的人生境界，叫作"通透"。

蓦然间，在教育的灯火阑珊处，看到了人生的踪迹……

5

每个人的人生都是有限度的人生，我指的不是寿元。

教育是一种对人生限度的克服方式和拓展方式。

教育在个体身上最大的成功，莫过于最大限度地克服了"这个人"的人生限度，拓展了他（她）的人生世界。

6

教育也有限度。教育的限度，造就了人生的限度。

我所接受过的教育，为我拓展了人生的边界，同时也划定了我生命的边界，它既保护了我，又限制了我。

7

与动物、植物相比，人是充满了不确定性的存在，这似乎是人的缺陷，所以人类通过教育等不同方式创造各种技术，试图去弥补这些缺陷，让人从不确定走向确定。这样的教育，恰恰限制了人性，减弱了人生的丰富性。

好的教育，需要与人的缺陷并存，让人尽早认识并且保留人的不确定性，让它与确定性共存于人生之中。

8

处在特定时空中的"我"，每一次悸动，每一下微颤，每一种欢欣，每一点愉悦和痛苦，都在提醒我，这是"我"的生命，"他"在这里，"他"与我同在……

这是诗人式的轻叹，是哲人式的呓语，我也在轻叹和呓语……

它在提醒我，我还有生长的可能，我还有帮助他人生长的可能……

或许，它可以称为教育者式的呓语。

9

"只要想起一生中后悔的事，梅花便落了下来"，

这是诗人张枣的想象与喟叹……

我的想象是另一幅画面：

"只要想起一生中幸福的事，梅花便开满了枝头"……

相比他而言，这个境界俗了很多，但却是我真实的生命体验。犹记家乡的梅岭，那些漫山遍野的梅花……

1 0

教育最终实现的不是与生命的牵手，而是对生命的告别，——对已往旧生命的告别，走向新的生命。

教育教给人的，是学会如何每天都与过去的生命告别，这个过程延续终生。

1 1

教育的路是生命的路，这条路随着生命成长而逐渐延伸。

经常发生的戛然而止，不是因为生命成长停止了，而是在这条路上，已经看不到生命的本来面目了，它依然在走，但已经不是按照生命应有的方式在走，这条路越走越弯曲，直到最后，我们看不到生命的踪迹了。路还在那里，成了荒芜之路。

1 2

活泼泼的生命，需要活泼泼的教育。

看啊，多少活泼泼的生命被僵死的教育"教到窒息"，"育到无声"。

1 3

教育中的不安和动荡，究其原因，是生命成长的不安和动荡。

把不安的人生变成安宁的人生，把动荡的人生变成安定的人生，这是教育的目的之一。

1 4

在 50 年自我教育的岁月里，我学会了把别人批评自己的话放大，成倍放大，以期引起自己的重视和切实的改进，同时把赞扬我的话打折处理，尽可能打折，以避免被种种赞扬淹没，整日漂浮在虚名的泡沫之中。

我难以做到让所有对自己生命状态的赞扬变得无声无息，仿佛不存在一样，至少我要努力把它们变成一股微风，微微吹过，变成一点火花，一闪而过，在瞬间的闪亮中给自己一点自信，但坚持不让这种自信变成自大，不把别人的赞许变为获得自信的源泉。

只有永不停歇地学习，永不间断地成长，才是我拥有自信的源泉。

15

教育能够改变一个人的命运吗？

我大抵是悲观的。

面对确定不疑的人生命运，教育所能做的，大多只是推动既定命运的实现。

一个人有它不可抗拒的命运，有它自身有限的教育历程，教育和命运如此纠结在一起，共同诠释着一个话题：生命的限度和教育的限度。

命运是对人生限度的一种昭示。教育是对人生限度的有限突破。

1 6

"知识改变命运"不是一个全称判断和实然判断，顶多是一个应然判断或可然判断。

真实的情况是这样的：

知识改变某一些人的命运，不能改变另一些人的命运。

知识帮助一部分人改变另一部分人的命运。

教育和人的命运的关系，也大抵如此。

无论改变与否，都是个体命运的一部分。

1 7

我的"精神扎根"在两个方向上展开：

朝向教育的精神扎根，朝向教育学的精神扎根。

让两种根联结起来，产生相互培育、相互催生的力量。

1 8

感受成长中生命的体温、伤痛、脉动，始终是教育者的任务，也是教育者敏感的源泉。

谁没有这样的敏感，谁就无法真正理解教育和做好教育。

19

有的人，是在受过教育之后才懂得教育；有的人，是在教育过别人之后才理解教育。

然而，是否真正懂教育，以及何时才能理解教育，绝非如此简单。

当我感觉到自己开始触摸到教育的门槛时，已近不惑之年了。

不是没有困惑，而是从 40 岁开始，终于开始对教育产生深深的困惑了，过去自以为很明白的东西，突然变得不明白了，过去感觉很明晰、坚定的道理，突然模糊起来、摇荡起来。

真正发自内心的困惑，是了解之后的困惑。

对于这种困惑，更好的表达是"迷惘"。

20

我已经步入这样的人生阶段：目睹自己的亲人、同学、朋友、同事一个接一个地从眼前消逝，遁入永不复返的黑暗……身边的人流依然，热闹依旧，但却是一个越来越陌生的世界。在原先熟悉的世界里，荒凉、孤独的寒流一波波涌来，其中掺杂了被遗忘的恐惧。

一次次目睹"死亡"，除了带给我悲戚和悲凉之外，也带给我教育，既是生命教育，也是死亡教育。

有时，死亡是最好的教育，如果它能重新凝聚人心，重新审视生存者的世界，重新认识自我与他人，重新获得新的生之激情、生之力量，直到向死而生……

21

目睹他人的死亡，会让我们彻悟人生的实质与取向。

向死而生，这里的"生"，更多的是"生发"，生发了新的思考、源泉和动力。

22

很多时候，高精度的感受人生，与高精度的感受教育，是一致的。

23

由于人间烟火的缭绕，教育难免有些烟火气，那又如何？有烟火气的教育，才是常态的教育，才是教育的日常底色。

烟火也可以纯粹，可以温暖，也可以更加明亮、更加清晰。

教育被这样的烟火照亮，让我感受到了"真实"。

24

"爱与教育"存在这样的关联：

当一切课程、教学的方法、技术和手段都备齐了、用尽了，余下的时光，就交给爱吧。

有信，有望，有爱，才有真正的人生，也才有真正的教育。

25

德语诗人策兰言诗："诗诞生的时刻乃在晦暗不明之中"。

这恰好构成了对于"教育与人生"关系的注解：

教育诞生的时刻，乃在人生的晦暗不明之中。

这一注解朝向的是"好的教育"。

"坏的教育"恰恰相反，它引发了人生的晦暗不明。

26

教育是对人生的摆渡，人人都是摆渡者。

当我们出发的时候会发现：有无数个口岸、无数条船，还有无数条路线……我该去向何方？

27

既要过美好的人生，又要为创立一个更美好的世界作贡献。

美好的人生，需要朝向自我的教育；

美好的世界，需要面向他人的教育。

28

我的人生最重要的收获，是能够从他人的人生中汲取营养，起先是伟人、名人，是精神上光明俊伟的人，后来是常人、平凡人、普通人，再后来是对手、敌人……

最后，是一切人的人生，它们都不同程度地变成我的学习对象，都以不同方式化为我的人生。

29

这是人生中的教育教会我的人生原则和习惯：

不轻易对别人的立场、观点作出否定判断，不随意轻视、蔑视、针砭和排斥某一个人，并因此显出我的人生的"与众不同"、"高人一等"。

除了自己的学生之外，不以教育者的姿态对别人施以

"谆谆告诫"。

这是一件非常困难的事情，我常常在不经意间违反这一原则。

但我总是能对自己的违反，保持清醒自知和自我反思的态度。

30

少办贵族学校，多办高贵的教育。

高贵的教育，给予高贵的人生。

这是被"灵魂"界定的高贵，而不是被"财富"和"权力"界定的高贵。

走向这样的高贵，是古典时代的教育留给人类的珍稀遗产。

我们已经有很多年没有听到"高贵"的声音在这个时代的教育中回响。

31

当一个人趋近死亡，他可能会追忆些什么，如果此时此刻他过去所受过的教育也成为追忆的一部分，这样的教育，是成功的教育。

时
代
中
的
教
育

03

1

读懂教育，从读懂时代开始。

读懂时代，是一种能力，一种总被忽略的核心素养。

读懂"时代对于'我'的教育"，也是"自我教育"的一部分。

2

时代对我的教育，既抽象又具体，既模糊又清晰，但都被费孝通离世前的感叹和自我期许说透了：

我能否读得懂，跟得上，对得起这个时代？

　　既然这个"我"降落于这个时代，除了必然打上只有这个时代才能留给我的烙印之外，我还被时代赋予了某种使命，无论大小，它就在每个人的生命之中。

　　何时以及在多大程度上实现了时代给予我的使命，就在多大程度上实现了所谓的"人生价值"。

3

　　时代是我们生长的大地和源泉，善于从中汲取营养与水分的人有福了。

　　对时代有敏锐的嗅觉，主动享受时代之福，汲取时代之水的人微乎其微，但他们大部分成了时代的弄潮儿，成了时代的先锋派，成了引领他人走向未来时代的人。他们也是所有时代的教育都需要培养的"精英"。

4

　　时代是我的孕育者和教育者。

　　学会感恩自己所处的时代，无论它是什么样的时代。

5

　　将自己没入时代的深水之中，努力畅游，但需要时不时伸出头来，一边呼吸，一边仰望天空。

这时的仰望，是眺望，眺望新的时代。

6

我们先被自己的时代裹挟，继而被未来的时代席卷而去，唯有一种情况可以让我们心安理得，保持微笑和从容：

我们对时代有所贡献，时代因我们的存在而有所不同。

7

时代于我，是矛盾的存在。它滋养了我，塑造了我，也限制了我，甚至控制了我。

8

返回自我，在自己身上，克服时代。

时代，首先是属于自己的时代。只要是属己之物，就有局限、有限度。

世上最艰难的事情，不是超越时代，而是超越时代中的"我"。

在特定时代之中，实现对自身限度的克服，一向是对个体生命的最大挑战。

9

"一切坚固的东西都烟消云散了"，这是天才的马克思所作的天才断语。

我把它当作预言来看待：这是 19 世纪的马克思对 21 世纪的人类所作出的超时代预言。它的准确性令人惊叹，仿佛一支箭从 100 多年前射出，击中了这个时代的靶心。

若仔细审视这个被信息和智能打造的时代，这个预言还有延伸的可能：

它不仅让我对任何"坚固"的存在能否保持"坚固"产生疑虑，竟然还让我对"坚固"之物的存在与否产生了怀疑：

这个信息泛滥的时代，还有什么"坚固"的东西？

或许，在"烟消云散"之前，"坚固"已然不存在了……

一切存在最多抵达并停留在"烟云状态"，随后便开始"烟消云散"。最迅疾的消散，是"在烟消云散之中烟消云散"……

一不小心，我说出了最悲观的预言。

但愿，这是不准确的预言，最终停留于"推测"。

我宁愿在这个地方，犯下过于轻率的错误。

10

我的迷惘不可遏制地喷涌：

既然"一切坚固的东西都烟消云散了"不可避免，这个过程是否可以逆转，是否可以阻止？

那些烟消云散的存在，能否重新聚合为"坚固的东西"？

哪些烟消云散之物，最需要重新恢复"坚固"？

最迫切的问题在此脱口而出：

教育在此过程中，何为？

11

时代的气味，先与我如影相随，后渗入骨髓和毛细血管，成为我身上的"时代的气味"，挥之不去。

我带着这样的气味，游走于书房、校园与教室之中，接受教育和教育他人，让时代的气味与教育一起四处行走，到处飘散。

12

时代必然在"持续"，但并不必然"持续发展"。

只要活着，人生必然在"持续"，但并不必然"持续发展"。

如何程大限度地让每个人的人生始终处在"持续发展"的状态？

这是所有时代教育的永恒难题。

13

对数据的敏感和追逐，产生了大数据时代。我不会絮絮叨叨于数据带来的冷血薄情，以及人的形象的摇荡模糊，我转而追问：

如何让数据与人性联结，让冷冰冰的数据也能脉脉含情，温暖人心，充满生长的力量？

14

对时代变迁的敏感，总是催动人们追逐可变之物，却忽略了寻找并守护那些永恒不变的存在，它们构成了人类文明和人性的基石与支柱。

无论时代如何风云变幻，什么始终不会改变、坚韧磐石？

是价值观吗？何种价值观？

是情感吗？什么样的情感？

是思维吗？哪些思维？

这是教育需要回答的永恒问题。

15

人格尊严、能力发展、智慧生成，是当今时代人文主义教育的三大目标。

16

对时代的批评，是历代思想者的惯习与爱好。

例如，席勒对 17 世纪的批评：

"在这种所谓有教养的时代，人们往往看到把温情变成软弱，把坦率变成肤浅，把精确变成空虚，把自由性变成随意性，把敏捷变成轻浮，把安详变成冷漠，把最令人鄙视的讽刺画与最美好的人性直接相邻。"

这种深沉犀利的批评之声，在历史的长河中并不罕见。

只是，似乎缺点什么？

这些批评更多指向对"时代与他人"关系的认知，是将时代对象化后的旁观，缺的是对"时代与我"关系的审视。

17

对人工智能生长的畏惧，并不少见，但对人类智能停滞不前的担忧却鲜有人顾及。

人类最大的恐惧,不是越来越多的职业会被取代,而是越来越多的人类智能被人工智能替代和超越。

剩下的那些不能被替代的人类智能,是当下和未来人类教育的新起点。

18

当代人类教育面临着三种时代大势:

人工智能、脑科学、终身教育。

它们共同的大势是:人类的可持续发展。

19

与"教育"有关的已有理论与思想、实践与经验,都需要置于新的时代大势下,重新追问、重新质疑、重新思考、重新实践,仿佛它们从未被如此思考与实践过。

人类教育理论与实践大洗牌的时代,已经来临。

20

教育,是否可能,以及如何可能引领时代,为世界指出方向?

如何在顺应时代大势的同时，教育还能够创造时代的大势？

教育大势，本身也是时代大势的一部分。

21

以往的教育，常常是向时代妥协的产物。

今天的我们，更需要的是时代和它的精神趣味向教育妥协。

如何在时代面前持有坚定、不妥协的态度，保持教育的独立性？

22

在静思中，我听到了这样的"自我呼召"：

不让每一个独立而丰富的灵魂，只限定于或栖身于某一个时代。

在属于自己的时代，逃向未来。

23

200 多年前，席勒的告诫在今天仍然有效，且同样适用于教育：

"你应该同自己的世纪一起生活，但不要成为他的产物。"

前提条件是：不要成为时代的附庸和奴隶。

24

我们即将迎来人工智能与人类智能的决战时代，人类作好准备了吗？

关键是：

教育作好准备了吗？

○4

时间中的教育

1

物理学探讨时间的物理特性，教育学探讨时间的教育意义。

2

时间具有教育性。

教育者如何安排学生的时间，就如何影响、改变他们生命成长的节律，就如何塑造他们的人生。

这是一种独特的时间世界，被命名为"教育时间"。

3

人类存在三种时间。

农业时间，掌管生物的节律，要求的是"自然"；

工业时间，掌握机械生产，要求的是"精准"；

教育时间，掌控人的精神生产，要求的是"生长"。

三类时间共同的特性是"重复"，都有自己的"寒来暑往"、"日月更迭"。

最大的不同，在于产出的结果。只有"教育时间"产出的是"人"，而且是"新人"。

教育时间，向人的生命发展提出了来自时间的要求。

4

农业时间、工业时间、教育时间，各有各的独特逻辑，不存在等级性与优先性的关系，也不能相互替代，更不能相互折磨。

教育时间，需要"农业化"的"自然"和"工业化"的"精准"，但不能把"生长"给"化没了"。

5

当教育者以"教育之眼"投向时间之时，首要的任务是发现两种逻辑：

时间的"教育逻辑"，教育的"时间逻辑"。

6

把教育的力量注入时间的流淌之中，让时间的流逝产生教育的伟力。

时间的流逝，绝不止于让人衰老，它还能让人再生。

7

到哪里去寻找教育时间？这是一个假问题，提问方式本身就错了。

当我们用"寻找"这个词时，表明"教育时间"已然存在，已在某个地方，我们只需把它找到即可。

教育时间是设计出来、建构出来，也是实践出来的。

人人都是自身教育时间的设计师、建筑师，人人都是教育时间的实践者。

8

每个人都有自己的"时间简史"。

它不是由霍金那样的科学家发现的，也不是外在于人本身的。它内在于人的生命内核之中，但绝非现成之事、已成之物，它需要每个人用亲历、亲身的教育实践去设计和创造。

9

把时间还给学生，把自我教育时间的安排权、分割权、设计权与建构权还给学生。

1 0

时间本身是没有野心的批评家，也没有欲望成为学生的控制者。

但教育者有。

1 1

时间是一种规训，也是一种惩罚。

这是通过鬼才福柯之眼看到的"教育时间与权力"的暧昧关系。

在教育世界里，存在一种学校教育时间中的权力逻辑。

这种权力逻辑的载体，是"学校时间表"，它"规定节奏、安排活动、调节重复周期"。

无论"规定"，还是"安排"，或是"调节"，根底都是

"控制"：

福柯的洞察令人触目惊心：

"学校通过对每个行动的时间控制，进而控制出被权威操纵的肉体，而不是洋溢着动物精神和理性的肉体"。

这是一种直捣底部的毒辣眼光：学校时间是对人的肉体的操控，它导致肉体丧失了精神和理性。

当然，这种判断不具备必然性。

12

当我看到如同蛛网般的密密麻麻的学校时间安排表时，表格之网暂时从眼前消失了，浮现出来的是被困在网络之中的那些人。

他们的灵魂被网格化了，被分解、切割成一块块碎片。

时间的安排，导致了碎片化的人生。

有人辩解说：这叫"精细"。

这样的"精细"，是深入骨髓的"控制"、"支配"和"束缚"。

这不是时间的表格，是权力的毛细血管。

13

时间，是一种视角、维度和眼光。

教育改革需要从时间的维度审视、设计和推进。

多数人首先想到的是改动那些具体的时间表、时间框架，让它们更粗一些，更具有弹性和开放性，或让它们更细一些，更具有针对性、精准性。

最根本的改变，是改掉教育时间管理者、设计者背后的时间价值观和时间思维。

这是"教育时间"变革的起点与出发点。

14

时间的教育性，要求教师掌握一种独特的本领：

挖掘时间的育人价值，成为教育时间的设计师。

15

教师是教育时间的设计师。

设计时间，就是设计教育，设计生命成长。

这种设计的危险在于，教师可能变成替代者。

教师需要与学生在商讨、对话中设计教育时间，成为学生自我设计时间过程中的对话者、介入者、指导者和引领者。

16

课程表，是对学生学习时间的切割、组合与焊接。

不同的切割方式、组合方式、焊接方式，产生了不同的教育方式，导致不同的生命成长的节奏和节律。

17

"教育时间"设计中最大的弊端，是"满"。

教师也好，学生也好，家长也罢，都缺少打盹的时间、休闲的时间、聊天的时间，甚至发呆的时间。

"满"带来了"快"和"赶"。

满登登的时间安排，催赶着师生朝某一方向奔跑，"赶时间"成了目的。

18

什么是最理想的"教育时间"？

另一种提问方式是：

什么样的教育时间，最有助于人的生命主动、健康地成长？

这是一个没有确定性、唯一性答案，也不会穷尽的问题。

19

时间蕴含着"价值观"。

"快"与"慢"、"多"与"少"、"匀速"与"变速",各有其背后的价值观。

教育时间的设计者,需要审视自己的价值观,提出并回答这样的问题:

把什么样的教育价值观渗透、转化于教育时间的安排与设计之中?

20

时间内置着"思维方式"。

当三年级的教师备课时,只针对着或只想着"三年级"的事情,无暇或不愿顾及"一、二年级"和"四、五年级"的时候,这叫点状思维、割裂思维。

当他跳出"三年级",转而了解学生带着"一、二年级"的什么基础和准备进入三年级,三年级的教学如何能够在此基础上"提升些什么?"、"推进些什么?"、"发展些什么?"的时候,当他还能够思考"三年级"的教学如何为"四、五年级"的教学"打下什么基础"、"作出什么铺垫"的时候,这叫"关联思维"、"整体融通思维"。

21

在学校中创造了节日，创造了休闲，也创造了教育的机会。

节日，创造了在休闲中教育的节点性机会。

22

在教育生活中无处不在的"时间"，最常见的表现方式是"时机"。

《学记》言"豫时孙摩"，《论语》里有"不愤不启，不悱不发"，都与此有关。

大多数情况下，"教育实践智慧"没有那么玄虚，也没有多少"高大上"的特性，只不过是"善于把握时机"而已。

然而，只有天知道，这种"善于"是一桩多么困难的事情！

23

教育时间的独特逻辑是什么？

是"周一的不适，周二的无望，周三的灰心，周四的黎明前的黑暗，周五的曙光，周六的解放，周日的惴惴不安"吗？

还是"向 40 分钟要效益"？

教育的时间逻辑首先是"需求逻辑"：向师生的生命成长要尊重、要个性、要活力、要权力，最根本的是索要更多的可能性。

2 4

"教育时间"中的主要矛盾是"个性与共性"的矛盾。

在《一个称作学校的地方》中，作者古德莱得化身为时间共性的倡导者：

"第一节课通常上数学课或语文课……下午的课通常是社会学习、科学、艺术以及带有休息性的体育课。"

这种"通常"里，或多或少带有"规律"的味道，因而带有某种强制性，在"规律"面前，谁能不低头，谁敢不服从？

同时，也包含让部分人反感的"学科歧视"，凭什么"科学"、"艺术"只能放在昏昏欲睡的下午？难道它们只有在心智低潮的时候学习才最有效？或者，它们是一种"兴奋剂"？

哦，还有"体育"……

2 5

美国内珀维尔的体育老师邓肯，每天上午的第一节课是体育课，早晨跑 1600 米，平均心跳要保持在 185 次以上。结果出人意料：上半学期，学生们的阅读理解能力比州平均分高 17%。数学则高出 18%。TIMSS 考试的学生取得了科学世界第一、数学世界第六的成绩。

我很好奇，古德莱德是否知晓这个来自体育学科的案例，如果知晓了，又该如何评价？

但我完全可以想象，全世界的体育老师们都会为邓肯的时间探索而欢呼雀跃。

26

当教育时间在个性与共性之间摇摆不定，难以达成共识的时候，需要引入两个式："范式"和"变式"。

教育时间的"范式"，要求时间安排不能违背天地自然之道、人的生命成长之道，不会让儿童进入"晚睡晚起"的时间模式……总要有一些教育过程必须遵守的内在时间逻辑和外显的时间规范。

教育时间的"变式"，要求同一种"时间范式"因地、因校、因人、因事、因活动而有所变化。

"范式 + 变式"的教育时间安排，或许能够让矛盾化解、争议纾解。

27

教育的僵化，从时间的僵化开始。

时间的僵化，导致了生命的僵化。

28

拖堂，表面上只是教学时间的拖延，实质是对学生生命的浪费和漠视。

29

日渐流行的教育中的"私人订制"，其实是教育时间的私人订制，设计适合"这个人"的"教育时间"。

30

时间是有智慧的。教育智慧里蕴含了时间的智慧。

空间中的教育

05

1

当我走进学校，立刻被一种独特的空间包围，那里弥漫着教育的味道，散发着教育的气息，涌动着教育的力量。

2

与时间一样，空间也具有"教育性"。

空间具有独特、不可替代的"育人价值"，具有推动人的生命成长与发展的力量。

3

具有"育人价值"的空间，命名为"教育空间"。

它以空间的方式，展开了另一番教育的图景，重新定义了教育的内涵。

4

教育空间，是自然空间、社会空间之外的"第三空间"。它横跨、贯穿了自然空间与社会空间。

教育无处不在，到处拓展它的疆土，展现它的力量：自然空间中有教育，社会空间中也能随处觅得教育的踪影。

所有空间都可能被教育的气息渗透和浸润，无一例外。

5

到哪里去寻觅教育空间？

学校里有，"学校空间"是教育空间最重要的载体和表现形式。

家庭里有，"家庭空间"的教育味道之浓郁，丝毫不让学校空间。

社区里有，"社区空间"散发的教育气息，正在日渐浓厚。

6

中国的"中"表明中国是世界的中心，这是词语里的空间感。

说汉语之人的空间感，与说英语、德语之人的空间感是否不一样？

至少我确信，作为"象形文字"的汉语，它的空间设计、空间架构，以及带给人的空间思维是独一无二的。

7

空间是一种价值观。

我去过的德国洪堡大学，没有大门，没有围墙，它的价值观是"开放"；

我到过的一些加拿大的学校，墙壁上展现的不同肤色的教师与儿童的身影和笑脸，表现了"多元"；

我看过的英国议会大厅，截然对峙式的坐席设计，呈现的是西方式的所谓"民主"；

我目睹过的德国国会大厦的会议室，圆周形的桌椅设置方式，显示的是一种"平等"……

8

空间中的价值观，通过空间设计的细节来体现与渗透。

据说，在老北大的教室里，是有后门的，方便学生进出，避免需要从教授眼皮子底下"溜走"，留下"深刻印象"，可能"影响成绩"……这是北大"兼容并蓄"的宽容文化传统在空间设计上的体现。

一间没有后门的教室，缺的不是一扇门，而是对学生的尊重和包容。

9

空间何尝不也是一种思维方式？

中国的故宫也好，四合院也好，既凸显了中国人特有的"天圆地方"、"天人合一"的信念，骨子里也将"关联思维"、"综合融通"的思维方式浸润其中。

中国人本能地排斥将"天"与"人"割裂开来，不会要么"以天为中心"，要么"以人为中心"，在我们眼里，"天"中有"人"，"人"中有"天"。

10

空间是一种"社会关系"。

空间所体现的"社会关系"，是以"师生关系"为核心的"教育关系"。

教育空间的破碎与教育关系的破裂、师生关系的崩塌，是异语同义。

11

空间具有多重维度，如物理维度、地理维度、社会维度、政治维度，以及教育维度，各有其特殊属性。

所有将空间的属性只定位为某种属性，物理属性（如霍金）、地理属性（如哈维）、社会属性（如西美尔、吉登斯、布迪厄）、政治属性（如列斐伏尔），还有教育属性……都可能窄化、弱化了空间的价值，或多或少变成了"褊狭"。

真正的空间，原本既是地理的、社会的、文化的、政治的，也是教育的，它们不能相互替代，一直在"学校"、在"家庭"、在"社区"、在"咖啡馆"、在"茶馆"等不同的场域中交互生成。

教育，是在不同空间维度里的穿梭转换。

12

空间是自然、人文与教育的叠加，而学校是多种空间的叠加处。

不，不是叠加，是交接或交汇。

13

学校空间里有什么？

有办学理念吗？有文化活动吗？有课程资源吗？有教学方式吗？

最重要的是，这个空间里有"人"。

14

学校空间里的"人"，是具体的人，是朝向成长与发展中的人。

与其他空间相比，同样以人的存在为中心，学校空间是以人的成长与发展为中心的，它的使命是面向人、朝向人，更是基于人、为了人的成长与发展而存在的。

15

教育与空间的关系，本质是人的成长与空间环境的关系。

孟母考虑并以自己的行动回答了这个问题。

"孟母三迁"，实现了教育与空间关系的三次改变。

16

以教育之眼看空间，空间的生产力，是教育的生产力。

在教育空间里，空间的生产方式，是教育的生产方式。

17

空间对于人的影响，从影响人的心理开始。

心理学家把一个儿童放入空荡荡的房间里，孩子顿时产生了强烈的不安全感、恐惧感。

此时，一把椅子拿了进来，孩子的目光投射到了椅子上，安全感陡然上升……

仅仅一把椅子，就把安全感给予了孩子。

18

学校空间的设计，优先考虑的前提性问题是：

如何给予孩子"安全感"与"幸福感"？

什么样的空间有助于儿童产生安全感和幸福感？

19

当教育者询问：

"我们需要什么样的学校空间"、"需要什么样的教室"？

其实是探问：

"我们需要什么样的教与学的方式？"

根本是追问：

"我们需要培养什么样的人？"

20

"你的家的样子，就是你的灵魂的样子。"

学校空间，是师生共同的成长之家。

有什么样的学校之家，就有什么样的教师和学生。

走出校门的教师和学生，从面容到心底，都带着学校之家的样子。

21

好的教育空间，是有助于师生交互反馈、互动生成的空间。

这句论文腔调的话语，其实说的是：

好的教育空间，是属于每个人的空间，是师生共同的生命场，它能让师生共同生长。

22

教育空间的气息，是生长的气息。虽难以言传，但却"味道十足"。

只有把教师生长的味道与学生生长的味道交融在一起，才是真正的教育空间的味道。

23

学校是"剧场"，也是一种"剧场空间"。

整个学校是大剧场，教室、办公室、会议室等是小剧场。

"学校剧场"以完成系统"教化"任务为目的，拒绝为观看而观看。

24

同时作为"表演者"与"观课者"，剧场中师生的角色不会固定不变，而是存在交互转换的可能：

当教师在教室里传授知识的时候，他是"表演者"，学生是"观看者"；

当学生表达或者展现自己的学习成果的时候，他是"表演者"，教师是"观看者"。

25

学校空间史，是一部教育史。学校空间的变革，也是一种教育变革。

26

如何从空间的维度看学校变革，进而推动学校变革？

切入点之一，是"权力"。空间是一种权力。

把学校空间的设计权、创造权还给学生，是学校变革的一部分。

学生与老师一样，也是学校空间的创造者。

与教育时间类似，教育空间也是师生共同创造出来的。

学校中的每一座雕塑、每一片草坪、每一面墙壁、每一间教室中点点滴滴的空间装置，都同时篆刻着教师与学生的名字。

27

好的教育变革总是能够带给人希望的变革。

从希望的角度看学校空间的改进，意味着一种新的尺度、标准的诞生：

好的教室空间，是能够给学生带来新希望的空间；

好的办公室空间，是能够给教师带来新希望的空间；

好的会议室空间，是能够给与会者带来新希望的空间。

28

"让每一面墙壁都说话！"这是苏霍姆林斯基的名言。

推而广之，我们可以接着说：让每一处空间都说话。

说什么话？说教育的话，说育人的话。

说谁的话？说老师想说的话，说家长想说的话，还要说学生想说的话。

让教育空间中的每一个人都说话。

29

读《三体》时，其中描述的高等文明对低等文明所采取的"降维打击"，即把三维空间强行变为二维空间，造成原有空间全部崩塌毁灭的场景，让人战栗不已。

在教育场域里，"空间打击"也可能成为惩罚或体罚的手段。

转念一想：如何把"空间设置"变为激励人、唤醒人的手段？

30

与教育即转化一样，教育空间里也蕴含着转化：把自然空间转化为育人空间。

这种转化的实质是"改造"：对"自然空间"的教育化改造，这是教育目标、教育计划的一部分。

31

空间与能力有关。

在校长那里，是"空间领导力"，领导学校空间设计与空间变革的能力。

在教师那里，是"空间设计力"，帮助学生设计教室空间、学习空间的能力。

在学生那里，所谓"学生领导力"，其中也有属于学生世界的"空间领导力"和"空间设计力"。例如，学生需要有自我学习空间的设计能力。

32

设计教育空间，需要教育想象力。

空间想象力，是教育想象力的一部分。

33

想象总是与细节联系在一起。

教师小组合作巡视中，什么是最佳的"巡视路线"？如果需要说话，站在教室空间的什么方位最好？什么是最佳的说话地点？

这是我经常与教师们分享的"小组合作的细节"之一。

这是空间细节与教育细节的交织。

34

仅凭一个细节，就可以看出一所学校是否具有"空间设计力"。

通往教室、会议室、厕所的楼道，是否铺设了防滑瓷砖？

我遭遇到这样一种尴尬：

在雨天里，校长带着我在楼道里转悠，骄傲展示各种设计和装置，我的脚下却频繁打滑，整个身子摇摇欲坠……

我踮着脚尖，如履薄冰式地行走，头脑一片空白……

35

空间既是"情境"，也是"意境"。有了"情"、"意"的灌注，空间"不空"。

　　教育空间里蕴含了"教育之情"，内含了"教育之意"，这样的空间"实"起来了。

36

　　空间不空，人在其中。
　　空间不空，育在其中。

37

　　在教育的空间里，与其说"建筑是凝固的音乐"，不如说"建筑是凝固的教育诗。"

38

　　作为教育空间的核心部分，学校建筑最大的价值是能够塑造人。

　　丘吉尔如此说：

　　"我们塑造了我们的建筑，而后又为我们的建筑所塑造。"

39

　　"房子在任何时候都不能凌驾于山，或凌驾于任何东西。

房子应该成为山的一部分……这样，山与房子才能够相生共处，彼此因为对方的相伴而更加开心。"这是建筑师的思想。

在学校这里，"山"即是人。

学校的各种房子可以古典或现代、可以中式或西式，也可以精致或粗犷、简洁或繁复，但建筑风格的个性、风格不能凌驾、覆盖、湮没人的个性。

40

最好的学校建筑，是充分挖掘、转化和实现了建筑的育人价值，实现了建筑个性与人的个性相融共生的建筑。

这样的学校建筑，实现了人屋一体，相互映照，互为写照。

41

学校建筑好不好，需要回答这样一些问题：

给予学生安全感了吗？

带给学生新的人生体验了吗？

促进教与学的过程了吗？

满足师生的空间需求了吗？

赋予师生生命成长的新的可能、新的力量了吗？

形成了自己的个性了吗？

自
然
中
的
教
育

06

1

教育是一条乡间的路。它属于自然。

2

面对自然，教育的法则是：把育人安放在天地自然之中。

彻底的"安放"，是让自然之道与教育之道、育人之道合二为一，实现"道与人"、"道与教"、"道与育"的同一，让自然的节律与教育的节律、生命成长的节律同步律动。

3

从自然中来，回到自然中去，人生如此，教育亦然。

自然之物，如日月轮回，寒来暑往，节气再现，都是一些经久不灭，不被时光消蚀、吞噬，持续顽强再生的东西，这是自然之"本性"。

自然赠与了教育这种本性，教育也从自然那里沾染了、接受了这种"本性"。

自然永恒，教育永恒。

4

自然，是人与教育的原初之地，也是归宿之地。

教育的种种失常、脱轨和弊端，常常源于丢弃了自然的原初赠与之物，离开了原初之地后的四处漂泊，失去了原本的自然根基。

5

有两种思考教育与自然的思路，一是返回，二是解放。

"返回"，让教育返回自然，以自然为学校，以自然为教师，以自然为课程，以自然为教室。

"解放"，把"自然"从"人类"手中解放出来。把自然还给自然。

不然，教育返回的"自然"已经不再是原来的"自然"。

6

天地不仁，万物为刍狗。教育不仁，万生为工具。

7

"自然"与"人工"有何差异？

爱默生在《自然沉思录》中说：

"在普通意义上，自然是指未被人改变其本质特征的事物，如空间、空气、河流、植物和意志等等。而人工则是由人的意志与自然事物汇合而成的……这种将他的意志与自然事物合成一体的行为，其实是微不足道的……世界给人的影响广大而深远，人对自然的改变毕竟微乎其微。"

我唯一不同意的是"微乎其微"。作为智者但身处19世纪的爱默生，严重低估了人类改变自然的能力，还有持续膨胀的野心与疯狂。

8

当今人类身处的"自然"已不复原本的"自然",不再是由土地、森林、野兽、河流、海洋构成的原始自然了。

如今的"自然",是由各种技术、机器、媒介、信息等构成和改造后的"自然"。它依然是"自然"的,只不过是一种"新的自然"。我们每日身处其中,早已"自然而然"了。

甚至,我们已经将改造、破坏、崩塌原有"自然"的行为视为"自然而然"。

9

庄子的预言是永恒之预言:

"后世之学者,不幸不见天地之纯,古人之大体,道术将为天下裂"。

莫非"不见天地之纯",乃是"道术将为天下裂"的根源?

何谓"天地之纯"?教育者如何才得以见"天地之纯"?

10

从"道法自然"到"教法自然"、"育法自然",三者的关联在哪里?联结它们的通道在哪里?

我一直在"百思"，但始终"不得其解"。

直到我看到了叶澜对于"人的心灵之本性"的解读：

"人的心灵之自然本性的原始式表现：对未知神秘充满好奇、兴趣；遇到新鲜未知的事物会问是什么、为什么；面对无法直接求解的问题会猜、会想象，会创出是什么、为什么、他从哪里来、会到哪里去的答案来。"

我由此悟出，"自然本性"与"人类心灵本性"的联系通道或许是一个重大的联结点。

这不就是当代教育者容易丢弃的自然本性吗？

教育者的心灵世界，为什么容易陷入干涸、干枯之境，教师为何失去了天真好奇的天性，不就是因为丧失了对那些未知神秘之物、新鲜未知之物、无法直接求解之物的好奇、兴趣、想象吗？

11

"自然"原本是寂静和黑暗的，也是喧嚣与光明的。

无论寂静还是喧嚣，都蕴含着自然的伟力，它为教育施展伟力提供了可能。

然而，自然伟力从不会自动变为教育伟力，自然的寂静不等于教育的寂静，教育的喧嚣也不是先天地从自然中传承而来的。

如何把"自然的伟力"化为"教育的伟力"？

1 2

据说，舞者杨丽萍善于倾听自然，对自然的倾听成为她舞蹈创作灵感的源泉。

她时常去倾听海浪的声音，倾听树林里鸟鸣的声音，倾听天空与大地之间微风吹拂的声音，进而"闻声起舞"，化为她的卓绝舞姿。这是一具与天地自然相通的生命。

"自然"是这个生命的教育者。

1 3

沈从文深描了故乡的河流之于他的"教育"：

"……站在船后舱看了许久水，我心中忽然好像彻悟了一些，同时又好像从这条河中得到了许多智慧……山头夕阳极感动我，水底各色圆石也极感动我，我心中似乎毫无什么渣滓，透明烛照，对河水、对夕阳、对拉船人同船，皆那么爱着，十分温暖地爱着！……我看久了水，从水里的石头得到一些平时好像不能得到的东西，对于人生，对于爱憎，仿佛全然与人不同了。"

河水、夕阳、石头这些自然之物，在彼时彼刻，统统成了他的老师，在自然而然的教导中，改变了他，让他变得"全然与人不同了"。

14

教育者自身能否被自然打动、迷醉，是教育者带领孩童走入自然的前提条件。之后，才是能否读懂自然。

15

读懂自然，是对教育者和受教育者的同等要求。

它呼求教育者读出"何为人之自然的初心"，何为"儿童的逻辑"，提醒教育者，不要简单地用成年人的思维替代、剥夺了儿童自然的初心中那些具体的、情感的和有生命力的东西；

它吁求教育者读出"自然的'育人价值'"，读出在兴趣上、知识上、能力上、习惯上、审美上可以带给孩童的"自然的恩赐"，这是只有自然世界才能够带给人类生命的礼物。

对受教育者提出的恳求是：读出自然与自我的关联，进而变成自我生长的力量。

16

如果要找一个"读懂自然"、"让育人安放在天地自然之中"的教育案例，没有谁比苏霍姆林斯基更合适了。

苏霍姆林斯基眼中的"音乐"，不在音乐教室里，不在电影院、电视台、广播电台播出的音乐旋律里，也不在唱片、磁带和CD里，而是在大自然之中。在他的耳朵中，大自然具有独特、优美的音乐旋律。

他确信，从学校低年段开始，学生对大自然音乐的时常倾听，是语言感情色彩的最重要的源泉，也是理解和感受旋律之美的钥匙。让孩子们在大自然中聆听音乐，是最好的音乐教育。

这是典型苏霍姆林斯基式的教育示范：如何把日常音乐教学的课堂推向大自然，如何把大自然变成音乐教育的课堂，如何把自然的伟力转化为教育的伟力？

17

正午阳光下，躺在尘土里，对着天空仰望，或发呆、或倾听、或观看、或思考，何尝不是一种在自然中自我教育的方式？

18

对自然乐音的倾听，是对平和与静谧之境的触摸与寻找。

通往自然之路有很多条，其中一条是通往静谧之路。

这是日渐喧嚣、时常陷入喧哗的教育所稀缺的道路。

19

既要让学生体验到自然的"优美浩瀚"，还要让他们感受到自然的"残酷无情"。

如果提及"自然"，眼前只能浮现"优美怡人"，那是对大自然的误读与窄化，——这可能是人类之于自然的普遍幻象之一。

引领孩童产生对自然真正的感触和领悟，不仅是蒲柏所言的"装扮优美的自然"，同时还要认识被严酷主导的自然，理解自然界不可撼动的生存逻辑，思索这样的问题：

面对自然的残酷，我们该怎么办？

当自然的顽强遭遇顽强的人类，我们应该怎么办？

20

在众多所谓"教育名著"中，最能够打动普通大众的是类似《爱弥儿》这样的文学化、私人写作式的著作。

类似于卢梭的自然主义教育者，都是理想主义者。

我最初是被卢梭的理想情怀打动的，随后便恢复了清醒：

这种理想主义很难在日常教育生活中落地生根，尤其是在这个"自然"已不复"自然"的年代。

这样的著作，可供纪念、研讨、解读，但无法"日用"。

随之而来的问题是：

我们的年代应该以何种方式让《爱弥儿》的教育方式活在当下的日常教育生活中？活在千家万户、活在每一个校园、每一间教室之中？

如果一种理念、一本经典、一个人物，只是用来纪念与凭吊，那恰恰是很不自然的。

它们最终的居所，只是"墓地"。

21

以"自然之眼"看教育，人类的教育分成两类：一是"自然的教育"，形成的是"自然人"；二是"人事的教育"，培养出的是社会人。

成为"自然人"，是很多人的信念。沈从文《边城》中的翠翠被叫作"自然人"。她所受的"教育"，是"自然的教育"，而非"人事的教育"，后面发生的一切，让她被迫去接受"人事的教育"。

自然的教育，带给翠翠的是和谐、安宁与幸福，人事的教育，带来的是缠斗、烦恼、痛苦……

这已然是普遍的成见了：仿佛只要"自然"了，一切都完美了，只要进入"人事"，整个人都不好了……如此这般自然美景和人事窘境，都是典型的传统幻象。

在自然的教育与人事的教育之间，可否和谐共生？

这是我期待的理想教育循环：从"自然的教育"走向"人事的教育"，再从"人事的教育"返回"自然的教育"。

这一循环内含的提醒与告诫是：

通向人事的时候，不要忘了自然；通往自然的时候，也不要忘了人事。

理想的教育过程，是在自然与人事的循环往复中发生的。

22

对自然之道的探寻，就是对人的改变与发展之道的探寻，因而也是对教育之道的探寻。

三道合一，是为天地人事之大道。

23

教育者一旦拥有"自然意识"，有了对"自然"的敏感，可能会随之同时拥有两种眼光：

以"自然的眼光"打量人的成长；

以"人的成长的眼光"打量自然；

两种眼光之间拒绝割裂，走向交融。

24

自然教育的目标，是解决现代人类的三大顽症：自然缺失症、自然碎片症、自然替代症。

相比而言，自然替代症在日常生活的表现更为微观具体，且比比皆是：

成人用相机、摄影机替代自己的眼睛去欣赏自然，用录音机替代自己的耳朵去倾听自然……

成人用给孩子买的很多玩具，替代孩子和自然接触的机会……

教师用自己看待自然的眼光，用教材中展现出的发现自然的眼光，替代看待、发现自然的"儿童眼光"……

儿童用书本、视频中的知识、图片、声音，替代自己对自然的感知和感悟……

25

自然教育的真谛是"感受"。它起先做的,并非让儿童思考自然,而是感受自然。

去森林,感受林的幽深……

去潜水,感受海的温度……

去田野,感受土地的气息……

"自然"对孩子灵魂的触动,是从各种丰富的感受开始的。

26

返回自然之后,谁是孩子的老师?

是大自然。

这是自然教育的要义:把"大自然"变成唯一的老师,让学生学会"以自然为师",体会到自然之师那难以穷尽的美、残酷与智慧,学会尊重和敬畏它。

进入自然之境后,"人类教师"退隐,"自然教师"登场。

27

在大自然的教师之林中,有很多种类型的"教师"。

"森林"是学生的首席教师。

梭罗说:

"我到林中去,是因为我希望用心地生活,仅只面对生活的基本事实,看看自己能不能学会它必须教给我们的东西。"

海德格尔一生的很多光阴是在黑森林中度过的。森林教给他的,是那些哲学名著和哲学家们给不了的东西。

他把森林赐予自身的教育,汇聚成了他的"林中路"。

28

丧失了森林之地的教育,人类将会怎样?世界又会怎样?

人们大多想到的是森林被砍伐,带来了"生物多样性的丧失",却忽略它同时导致了"教育多样性的丧失"。

"森林世界"从教育世界的消失与远离,带走了人类灵魂中一些弥足珍贵的东西,更抽走了人类教育的一大源泉,让它陷入干涸枯竭的境地。

29

"自然教育"的本义是"返回"。"森林"是返回自然之旅中最重要的返回之地。

此时,"森林"成了"自然教育"的主阵地。

这是一间"没有天花板、黑板和墙壁的教室"。

30

　　人类需要"森林幼儿园"，需要"森林学校"，需要重新把森林变成教育的场所，变成另一个师生共生共长的生命场。

　　无论是20世纪50年代诞生于丹麦的世界第一所"森林幼儿园"，还是著名的德国卡罗镇森林幼儿园，都源自于一个疑问：

　　在温室长大的孩子能适应这个世界吗？

　　走出温室，走进森林，走入原本严峻、严酷的自然环境，在森林的教室里，体味零下28摄氏度是一种什么滋味，体会爬树、玩泥巴、踩水坑的刺激与乐趣，体验如何在自然中发现玩具，或者用木头、树枝等自然之物制作玩具，共同经历面对大自然的各种危险如何在相互协助中自救……

　　在这种纯自然的环境里，不会有家长给孩子温暖的衣物、可口的食物、靓丽的玩具，一切都要求作为受教育者的学生，从作为教育者的自然那里去自主寻找和创造。

31

　　"森林教育"拥有何种"育人价值"？它带来了什么只

有自然才能带给孩童的东西?

　　它带来了更加平衡的身心发展，让孩子的一生充满灵性；

　　它带来了对森林的热爱、对自然的敬畏，对自然世界的探索欲望、探究精神；

　　它带来了对如何抵抗无穷欲望、如何享受单纯质朴快乐的领悟；

　　它带来了更加突出的自信心、注意力、学习积极性、语言能力、交流能力、行为习惯、主动思考及身体素质……

　　它把教育带入森林，最后，从森林中走出了"人"。

3 2

　　对自然的尊重和敬畏，不应与对生命的尊重和敬畏割裂开来。

　　一些孩子可以背下整本的昆虫图谱，但却可以面无表情、漫不经心地踩死昆虫。

　　这种"自然归自然"、"生命归生命"的割裂式教育背后，是把大自然"知识化"，只是通过认识动植物获取一些可以用来记忆、背诵、考试或炫耀的知识，与大自然有关的情感、道德与能力却被遮蔽于知识的汪洋大海之中……

33

我有时设想：假如突然把我拉到原始森林里，没有罗盘针、没有手机，也没有食物和水，我该怎么办，如何走出黑黢黢的森林？

我难以想象，而且突然发现自己的生存能力如此孱弱，甚至不如一头野猪……

我是典型的自然缺失症患者。

34

读一读《林间最后的孩子》吧，既是拯救自然缺失症儿童，也是作为成人之"我"的自我拯救。

我们都可能成为"林间最后的人"。

社会中的教育

07

1

教育者的全部使命：

通过教育，改变人。

通过教育，改变社会。

2

"我们寄希望于教育，我们把希望维系于教育上。"

这是朗格朗的教育信条，他试图把它变成整个人类社会的教育信条。

这还应该是人类的社会信条，它将永远与人类社会同在。

3

难以想象，人类命运共同体的建立如果离开了"人类教育共同体"，人类将会面临何种命运？

4

如何理解和建构"社会与教育"的复杂关系？

存在"传统思路"和"现代思路"。

传统的思路，社会在变，教育也必须作出改变、社会变革要求教育作出变革。教育是被动应对的一方，它要适应、服务和满足社会变革的需要。教育要对社会变革承担责任。

现代的思路，来自反向思考：教育变革过程中，社会变革如何为教育变革创造条件，如何让社会承担教育责任？

"全社会共同为教育承担责任"，目前只是理念和口号，何时它能从纸面变为现实，从天花板落到地板？

5

谁是承担教育责任的责任主体？是全社会。

除了学校，还有政府、企业、私营部门、民间社会……

新的问题来了：

承担教育这一"共同利益"的不同主体，价值观、利益诉求各有不同，如何承担共同利益，需要创造什么样的合作机制？

6

为了"人的发展"，各种社会力量有了汇合的可能。

这种"人的汇合"，吹响了人类的集结号，召唤社会中的每一类人、每一群人、每一个人，共同构筑一条道路，这条道路通往"教育"。

这是一条我为之念念不忘的道路：通往教育之路。

7

"条条大路通罗马"，能否如此解释：

每一条政治之路、经济之路、文化之路、科技之路、道德之路、审美之路，都通向"教育的罗马"？

人类亟须重建通往教育之路的社会系统，这一新系统把各条道路联结起来。

8

社会怎样看待和对待教育，教育就如何反馈和反哺社会。

9

"社会"是学生最大的课堂，也是最日常、最持久，可持续、可永恒的课堂。

让学生走出狭小精致的校园，走向广阔粗粝的社会，是教育的必经之路。

10

我不相信，教育的雄心大志可以压缩为实现某个特定的只属于教育范畴的目标，不管这个目标多么神圣，为多少人所推崇。

教育理想能否实现，取决于教育能否进入开放地域，全方位地融入社会，取决于能否拆除各种有形无形的校门、围墙，与社会实现无缝对接。

11

"社会"是检验教育成色、教育成效与教育质量的打靶场和试金石。

教育中的课程与教学，在学校中写就，在社会中完成。

12

任何试图让教育远离政治、摆脱政治，从而"躲进小楼成一统"的努力，都将被证明是一种"教育乌托邦"。

政治是教育的宿命。

13

教育怎么能够对世界袖手旁观？

教育怎么能够对世界亦步亦趋？

教育怎么能够对世界曲意逢迎？

14

好社会，要用"教育尺度"来衡量。

"好社会"本不应与"好教育"分割开来。

对任何社会而言，"教育"都应是一种"尺度"。

"好社会"从来不缺乏"经济尺度"、"政治尺度"、"文化尺度"、"科技尺度"，最稀缺的是"教育尺度"。

15

好社会，不仅是有"好教育"的社会，而且是能够为"好教育"承担责任的社会。

如同不能承担教育责任的家长不是好家长一样，不能承担教育责任的社会，也不是好社会。

16

人类的教育机构，绝不止于"学校"。

博物馆、美术馆、图书馆、养老院、电影院、电视台、游乐场……

政府的行政大楼、企业的生产车间、飞机机舱、高铁车厢、旅游大巴……

都可以成为教育的场所，无一例外。

这是教育的汪洋大海。

17

当所有的社会机构、社会部门，所有的社会主体，都为教育承担好各自责任，也能帮助别的主体更好地承担教育责任之时，"社会教育力"或"系统教育力"才得以形成。

18

观看仪式、理解仪式、创造仪式，是人类生活中最重要，也可能是最好的社会教育方式。

升旗仪式，是最好的爱国教育；

欢迎仪式，是最好的礼节教育；

礼拜仪式，是最好的宗教教育；

结婚仪式，是最好的婚姻教育；

敬拜仪式，是最好的孝道教育。

19

我所接受的"社会教育"，是从部队开始的。

每天准时听到的嘹亮军歌，让我形成了"守时"的自我警醒和对他人的期待；

那种必须如此的"命令"，使我知晓了"天职"的神圣和不可动摇。

20

在电梯里，当别人为"你"摁下你想去的楼层的时候，是否会表达谢意？在进门的时候，是否会通过"扶门"而让身后的人不被门碰到？在咳嗽打喷嚏时，是否会捂嘴，以免把唾沫喷到他人的身上？在不小心碰到别人的时候，是否会迅疾自然地致歉？……

种种社会中的细节，都是教育的细节，是"社会中的教育细节"。

人们大多关注的是"学校中的教育细节"、"课堂里的教育细节"。

只有揣摩社会中的教育细节，才能避免把"社会"抽象化，把"社会与教育"的关系模糊化。

21

带着孩子经常在安静的机舱或车厢、茶馆或咖啡馆坐一会儿，不用家长或老师说些什么，孩子就受到了安静的教育。

那些在公共场合旁若无人，大声喧哗，当众"演讲"的人，大都是因为没有接受过这种细节中的社会教育。

也可能是，失败的教育在他们的身上发生了。

是失败的教育，产生了喧闹的机舱和车厢，嘈杂的茶馆和咖啡馆。

22

朗格朗说了一句大实话：

"当我们回顾现代文明所取得的最重大、最有价值的进展的时候，我们不得不承认，它们并非智慧和理性的结果，而是由于各种政治利益和野心、各种要求和反抗互相影响和互相作用的结果。"

果真如此，对于社会的发展，智慧有何价值？理性有何意义？

也许，我们真的高估了智慧和理性对于人类社会的价值，以及对于教育的价值。

23

目前为止的"教育智慧"，还局限于校园、教室和班级之内，只属于教师和家长。

只有与宽广的"社会智慧"融合起来，与不同职业的智慧联通起来，才是真正的教育智慧。

24

想起了那位自称"乡下人"的沈从文。

他在学校受教育的时间并不长，大部分的时光都在天地自然与社会人事之中。如同他的学生汪曾祺所言：

"沈先生是把各种人事、风景，自然界的各种颜色、声音、气味加于他的印象、感觉都算是对自己的教育的。"

沈从文自己坦承：

"大多数人受过'学校教育'，我受的却是'人事教育'。""放下了书本，他便去想。走出门外去，他又仍然与看书同样的安静，同样的发生兴味，去看万汇百物在一分习惯下所发生的一切。"

"社会"这所大学校和这"一本大书"，所有这些"万汇百物"给予他的教育，远远超过了狭小的学校一隅之于他的教育，最终成就了沈从文这一传奇性的作家。

学
校
中
的
教
育

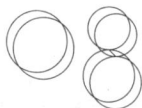

08

1

学校是一个什么样的地方？

是给学生以欢乐和希望，还是带来恐惧和厌倦的地方？

是给学生以生长和发展，还是带来束缚和压制的地方？

思考了这些问题，就回到了人类创立学校的初心。

2

学校是人类的学习中心和教育中心；

学校是终身学习的中转站和加油站；

学校是终身教育的枢纽与汇合之地。

3

学校是师生共生共长的生命场和家园，是推动生命成长与发展的实践之地。

4

学校是跨文化的场所，是多元文化的交汇、交融之地。

"多"是形容词和名词，是已成之物。"跨"是动词，朝向的是未成之事。

"跨文化"不是抽象的大概念，它活在每个人身上。

每个教师带着自己的文化背景，步入学校。

每个学生带着自己的文化背景，走入学校。

无论是师生之间，还是学生之间的互动对话，实质是不同文化之间的互动对话。

5

要说清楚"学校是什么"，需要先反向思考"学校不是什么"。

6

学校不是企业，它的目的不是物质财富的生产，而是人的持续再生产。

学校不是机关，不能以行政的逻辑替代学校的逻辑，行政化后的学校，变成了官僚机构，官气浓郁，人气散淡。

学校不是兵营，教师难以无条件服从长官的命令，这不是教育者的"天职"。学校的天职是无条件服从和追寻"教育的目标"、"教育的特性"：教育即生长，教育之外没有目的。

学校不是监狱，不能将师生处在全方位的时时管控或监控之中，这是对生命的窒息和教育的毁灭。

7

学校不是"校园"。

"校园"是一种"地理空间"，类似于企业中的工厂和厂区，它是一所学校的物质环境。

当企业家谈文化的时候，大多说"企业文化"，很少说"工厂文化"、"厂区文化"。

校长谈文化的时候，很多却说"校园文化"。

"学校"是一种"社会组织"，类似于企业、军队。不同的社会组织有不同的文化特性。

校园不等于学校，它只是"学校"的一部分。

8

学校不是纯粹技能的训练营，更不是兴趣与个性的屠宰场。

9

把"学校是什么"和"学校不是什么"结合起来，结论是：把学校当学校。

学校面临或遭遇的诸多危机和困境，根源都在于"不把学校当学校"。

古今中外，莫不如此。

1 0

好学校是充分实现了教育力的地方，是具有教育变革的内动力、内生力和内定力的地方。

1 1

好学校，始终面向未来和创造未来。

杜威早有此言，如果今天的老师和学生不生活在未来，未来的老师和学生将生活在过去。

这样的未来，不是用来畅想和言说的，是用来创造的。

12

好学校，通向师生的美好生活。

这是好学校特有的"创造力"，创造师生美好生活的能力。

13

未来的学校是"创新工场"，是育人理念、育人机制和育人方式的创新工场。

14

校长是学校的首席教师。

他不一定最具有教学力，但应该最具有倾听力、学习力和引领力。

校长的引领力，是带着师生，把他们引向新的生命发展标杆、引入更高的生命境界的能力。

15

最让我望而生畏、敬而远之的校长，是"官气"浓郁的校长。

把"校长"当官做，是学校办不好的症结之一。

16

校长有两大教育使命。

让学生克服对学校的恐惧，给予他们安全感与幸福感，养成学习的兴趣和探索新知的欲望；

让教师感受到温暖和希望，保持作为人应该有的好奇心，持有生命更新和发展的动力。

17

学校是校长成为"教育家"的土壤、空气与水分。

离土之后的"校长"，离开的不是学校，是自己成长的"根"。

18

学校中的教育，主要通过课堂、班级和学校文化活动来完成。

这是学校教育的三驾马车。

1 9

学校文化之"特色"与"特点"，是两种层次的存在。

称之为"特点"之物，只是与学校中的少数人有关，在特定情境下发生，偶尔为之的东西。

有资格成为"特色"的，必然是与学校中的人人、事事、时时、处处相关的东西。

学校"特色"之难，难就难在这里：如何把"特点"变成"特色"？

关键在于如何建构"特点"与"特色"之间的关联：

特色之"色"，是特点之"点"的弥漫、弥散、渗透和转化。

只有如此，"特点"才成了"特色"。

这是最挑战、最考验校长的教育智慧、管理智慧之处。

2 0

同样进行制度设计，"学校制度"与其他社会组织中的制度相比，最大的不同在于：学校制度具有育人价值，它以制度的方式育人、成人。

好的学校制度，是充分发挥了育人价值的制度。

21

教育改革的成功，除了要处理好"理论与实践"、"政策与实践"的关系之外，还取决于如何对待"课程与课堂"的关系。

好课程，是好课堂的前提和基础，——这似乎是"正确的废话"。

不能用课程替代课堂，好课程无法自动转化为好课堂。

这是一个总是被遗忘、忽视，甚至被漠视的"教育常识"。

22

课堂是对课程的再创造，它赋予课程生命与活力。

23

每一堂课，都是师生共同创作的天地间独一无二、不可替代、不可复制的课堂作品。

当然，只有少数作品可以放入课堂艺术的殿堂。

2 4

"教学"是一种"课程转化力"。

"教学力"与课程转化力，其实是一个意思。

2 5

我带着什么进课堂听课、评课？

带着一套既定的好课标准吗？

这是肯定不可或缺的。虽然，仁者见仁，智者见智。

带着理性或理智，进行冷静地观察、分析吗？

这似乎也是必要的，没有理性，何来研究？

但我更喜欢带着直觉与感性走入课堂。

我希望直觉到一种"课感"，包括：推进感、纵深感与生长感。

我希望感受到一种"课气"，那是好课特有的"生长的气息"。

2 6

什么是"教育智慧"？一个几乎被谈烂了的话题。

"教育智慧"从何而来？这是我更关心的问题。

它来自天赋、经验，以及反思的习惯与能力。

2 7

什么影响、决定教育智慧的产生？

除了价值观之外，教育者的思维方式与思维品质尤为重要。

教学的技术与技巧，策略与方法，只是教育智慧体系里细枝末节的东西。

它总是被实践者看得如此重要，几乎等同于他们全部的教育人生。

家庭中的教育

09

1

家庭的诞生，是为教育而来的。

2

家庭是教育的天然场所。

与学校相比，家庭才是教育真正的细胞和原发地。

很多人没有去过学校受教育，但没有人未曾经历过家庭教育。哪怕是孤儿，也有自己的家庭教育，只不过那不是正常的家庭而已。

3

　　家庭的样子，就是儿童灵魂的样子。家庭的格局，决定了人生的结局。

4

　　成年后的诸多遭遇，无论顺境、逆境，都会在早先的家庭教育中找到源头。

　　进入婚姻殿堂后的夫妻，无论是和谐还是矛盾，都可以找到当年家庭教育的影子。

　　我们拖着家庭的影子，走入学校，走入职场，走入婚姻，走入别人的生活。

5

　　家庭是人生的基因，一旦形成，无法进行"基因编辑"。

6

　　我所受到的家庭教育，是军人家庭的教育。它带给我的是守时、纪律和对命令的服从。同时，也带给了我局限，例如，反抗精神与勇气的匮乏。

　　我不得不承认，这是我性格的一部分，也是我生命限度
的一部分。

7

　　很多人只是看到了我的外表，以"文弱"甚至"软弱"
来为我命名，那其实只是外壳而已。

　　外壳下的灵魂是"坚韧"，不会轻易被任何人改变，执
着地朝着标杆直跑。

　　这是历经重重苦难的父母，通过他们对我的教育，在一
次次重复中赋予我的，我为此感激终生……

8

　　小时候，父母按照他（她）的样子要求、塑造和教育"我"。

　　长大后，"我"按照自己的样子要求并塑造孩子。

　　这种具有教育意义的代际传递链条，是人类天性的一部
分。任何自然主义教育、自由主义教育都无法改变。

　　哪怕是强调尊重天性、崇尚自由者，不也是按照这一标
准教育下一代吗？

9

如果孩子从不给爷爷奶奶、外公外婆打电话、发短信问候、祝福，这不是孩子的问题，是家庭教育出了问题。

如果别人在微信群里给了孩子祝福、问候、礼物的时候，孩子不感谢、不回应，安之若素、无动于衷，不怪孩子，怪家长。

1 0

什么是父母对孩子的宽容？

允许孩子犯错、允许孩子保有自己独立的空间、独立的见解，包括允许孩子不顺从自己的意愿。

1 1

给孩子以安全感，是家庭教育的前提条件。

活在恐惧中的儿童，再好的生活条件、再好的教育，都会沦为虚空。

1 2

父母对孩子的陪伴，是家庭教育最重要的组成部分。陪伴产生亲情，陪伴生发教育的力量。忙碌不是不陪伴的理由和借口。曾任美国总统的奥巴马，无论多么忙碌都会抽出时间和子女一起吃饭、一起郊游、一起游戏。

13

如果非要让我用一句话讲出家庭教育的真谛，我只能说：陪伴，陪伴，还是陪伴。

14

真正的陪伴，是陪着孩子共同成长，共同在经历某些事情中成长，而不只是父母单纯地陪孩子游玩。

15

陪伴对于父母也有成长价值。

天下的父母，都可以自问："我"在陪伴孩子成长的过程中，"我"自己成长了吗？

16

父母怎么做人，孩子就怎么做人。

这种模仿与传递的纽带，既延续了家庭，也延续了人类文明。

1 7

对于经济而言，被一双看不见的手调节，这双手是"市场"。

对于每个人来说，长大成人之后，也有一双看不见的手始终引导着他，它是摇篮边的那一双手。

1 8

和孩子共同讨论些什么，直到达成某些共识。这是一种最美的家庭氛围，也是家庭教育最美的时刻。

1 9

家庭教育的冲突，表面上是夫妻之间、父母与孩子之间的冲突，实质上是跨文化的冲突。

夫妻双方各自代表的是不同的文化，至少是不同的地域文化、学校文化和家庭文化。

如果丈夫、父亲是北京人，代表着"北京文化"，妻子是上海人，背后站着"上海文化"，他们之间的吵架斗嘴，是两种文化的争执不休，也是两类文化的战争……

父母与孩子代表的也是各自的文化，前者是成人文化，后者是童年文化。

"你不理解我"，是父母与孩子之间共同的文化哀怨……

20

经常目睹家长和教师吵架，互不相让。

这个时候，家长忘了自己其实也是孩子的老师，教师忘了，其实他也是家长。

21

"家"，是需要不断回来的地方，是总想回来也能回来的地方。

什么时候，不想回来了，也回不来了，那就不是"家"了。

教育，如何成为这样的"家"？

职
业
中
的
教
育

10

1

职业教育，归根到底，不是"职业"的教育，而是"人"的教育。职业只是通向人的载体和平台。

2

职业，通过从事某种劳动，以教育的方式，让人成为人。

是职业实现了"劳动"的成人价值。

这也是职业对于人生的一大贡献，让"劳动"真正成为人的生存方式。

3

"职业"对于"教育"的贡献在于，让"教育"有了可以依托的载体，也为"教育与人生"搭建了来自某一职业的桥梁。

从事某种职业，让教育对人生的影响具体且鲜活起来。

不职业，无教育；不职业，也无人生。

4

任何一种职业，都划定了一个边界，代表着一类范围，意味着一种界限，因而都具有某种生命的局限或限度。

我羡慕那些能够主动在不同职业间穿梭转换的人，他们具有不断突破自我生命限度的能力。

5

终身教育为打破职业的局限，提供了另一种可能，无需转换职业的可能。

6

天下的职业教育大抵分成两类：有人的职业教育和没有

人的职业教育。

有人的职业教育，职业围绕着"人"，以成就"职业之人"为目标。

没有人的职业教育，人围绕着"职业"，以承担"人之职业"为目标。

前者是"理想"，后者是"现实"。

这是职业教育领域的理想主义和现实主义。

7

如何处理好职业与成人、职业与育人之间的关系？

如何把专业技能训练的过程，变成完整之人培育的过程？

这是职业教育中的基本问题和永恒问题。

8

职业中的"优质制造"，目标有二：制造优质产品、制造优质的从业者。

两者都不可分割：在制造优质产品的过程中，制造优质之人。

这是职业教育世界的"成事成人"。

9

不好的职业教育，把教育缩减为训练，"职业"成了，"技能"成了，唯独"人"没有成。

这样的职业教育，我们看到了"技能"，没有看到"人"。

10

职业对于教育提出了需求，如果教育只是想方设法一味满足或顺应这种需求，教育就被职业牵引、控制了，甚至可能被误导、扭曲了。

11

职业与教育的关系，存在着谁引领谁，谁主宰谁的永恒问题。

教育永远应该是职业的引领者、主宰者。

12

通往职业的道路上，隐含着一种独特的"悖论"：

演戏、歌唱、踢球，包括教书，一旦从业余爱好变为一种职业，演戏成了演员，歌唱成了歌星，踢球成了球员，教书成了教书匠，责任感诞生了，枯燥感、倦怠感也随之出现了。

此时，"业余感"没了，"爱好"也丢了，最后，"人"不见了。

13

走出职业训练与人的生成的背离困境，是将职业艺术化。

既然艺术使人成为人，一种职业一旦变成了艺术，人变成某种艺术的创造者、享受者，如做饭变成了厨艺，这个厨师成了一个大写的人，我们穿越种种色香味形的迷雾，看到了一个光彩夺目的人。

14

"从事某种职业"，只能是教育者和受教育者的外在需要，倘若变成了"内在需要"，职业就成了教育的统治者。

一旦"某种职业"消亡，曾经附着其中的教育也逃不掉随之覆灭的命运。

15

职业如何与"闲暇"联合起来？职业教育与闲暇教育是

天敌吗？是势同水火、针尖对麦芒的关系吗？

人类一次次地缩短上班时间，不就是向职业要闲暇吗？

16

接受职业教育，是为了"就业"。要"就业"，必须先让自己"职业"。

"职业"与"就业"之间的因果轮回，生生不息。

轮回中缺了点什么？

不知不觉间，我们陷入了著名的"放羊、生娃、放羊"的循环之中。

17

何谓"现代"职业教育？是培养"现代人"的职业教育。

18

人工智能的出现与发展，逐渐替代了越来越多的职业，引发了普遍的担忧甚至恐惧。

我担忧的不是职业，而是人。

赫拉利在《今日简史》中的判断精准有力：

不要"救工作"，要"救人"！

19

无论古代、现代，不论农业时代、工业时代、信息时代或智能时代，什么是职业教育中始终不变的？

答案是：工匠精神。

20

工匠精神的内涵与底蕴，从来离不开五个字：敬、信、精、细、创。

21

工匠精神，不只属于工匠，属于所有的人。

工匠之"精神"，既提升了"工匠"，也提升了"人"。

22

为什么"教书匠"会成为贬义词，成为嘲弄教师和教师自嘲的习惯性用语？

因为它把"工匠精神"排除在外了。

通过"工匠精神"，可以为"教书匠"平反昭雪。

23

成不了"教书匠"的老师，一定不是好老师。

有了"工匠精神"的"教书匠"，让教师具有了被尊重、被敬仰的底气和根基。

24

任何把职业人才分成"技术型人才"、"实用型人才"、"应用型人才"、"技能型人才"等三六九等式的分类，都是对职业人才特性的窄化和低估。

哪种职业没有"技术"和"技能"，没有"实用"和"应用"？

唯有"综合"，只有"融通"，才能体现职业人才的特质。

兼容技术和技能、实用和应用的"综合能力"，是所有职业及其教育中的核心素养与关键能力。

25

现代职业教育之"现代"，体现在"以终身教育为理念"、"以终身教育为基石"、"以终身教育为眼光"。

现代之人，不再一定终身从事某一职业，但需要终身接受职业教育，终身与"工匠精神"同行同在。

26

企业文化进校园、进课堂，或许是企业文化与学校文化走向交融共生的好办法。

只是，不能让企业逻辑取代了学校逻辑、市场逻辑替代了教育逻辑。

27

如何打破职业教育与普通教育之间的屏障？两者之间何以有交互生成的可能？

交互点和融通点都与职业教育的理念有关："工学结合，知行合一。"

28

尽管训练出来的"职业性微笑"与"发自内心的微笑"有所区别，但总比"职业性冷漠"要强。

职业中的"冷静"，一不小心就变成了"冷漠"。

29

空姐们的微笑很动人、很温暖，虽然我明明知道大多数是职业训练的结果。

30

职业教育造成了"社会分层"，从事不同的职业决定今后进入哪个阶层。

好的职业教育，是能够赋予从业者在不同阶层中穿梭转换能力的教育。

31

我听过太多"细节决定成败"的例子，但时常感到讲述者的重心依然在"细节"本身，而忘了"细节"是一种精神，是一种态度，更是一种能力，让人模仿的只是细节而已。

这种"细节能力"，不是听出来、讲出来、看出来的，而是训练出来的。

好的职业教育，是赋予从业者关注细节、揣摩细节、设计细节、实施细节、反思细节和重建细节等诸多能力的教育。

化细节为能力，是职业教育始终不变的精髓。

32

人们喜欢职业攀比。例如，把教师和医生比，比辛苦，比收入。但很少有人比耐心、比耐力。

例如，"耐心微笑的能力"，这常常是人们对医生不切实际的要求。在一个固定狭小的位置上坐一天，面对形形色色的病人，换"你"试试？

同样遭遇不耐烦和冷漠，家长比病人更能包容教师。

原因很简单，这个医生不耐烦，可以换一个。那个老师不耐烦，可不是随随便便能换的。

家长的无奈，造成了对教师的纵容。

33

不同职业的人，可以相互教育。办法是职业角色的转换，例如，让家长当老师，教师当家长。

这也是一种职业教育：不同从业者交替互为教育者和受教育者。

艺术中的教育

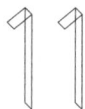

11

1

"美"，将艺术和教育联结了起来。

"美"，让艺术具有了教育的价值。

"美"，为艺术教育提供了可能的同时，也创造了现实。

2

只有艺术和艺术教育，才把美的问题置于所有问题的首位，尤其是置于知识与技能之前。

3

"美"是艺术最鲜明的标识和烙印。

所有的舞者、歌者、画者、诗者，都共享一种爱与执着：对美的爱与执着。

艺术教育最有可能通向教育的最高境界：带给我们美。

我们怎么可能不感恩艺术，它把美带到我们面前。

4

美即永恒。

感受美、分享美和创造美的艺术是永恒的。

艺术教育，使人类文明之美走向永恒，它自身也由此步入了永恒的殿堂。

5

面对艺术世界中那令人窒息的美，我们沉默不语，内心却激起了风暴。

随之，产生了教育的渴盼与激情。

6

在这个时代谈论美，我们可以说些什么？

说说"美盲"吧。人类已经越过了"文盲"的时代，这个时代"扫盲"的重心，转而聚焦到"美盲"上。

那些铺天盖地的"美盲"患者，是今日艺术教育的对象。

木心说："没有审美力是绝症，知识也救不了。"

艺术教育，是为治愈"美盲"而生的。有了它，"美盲"不再是绝症。

7

与德国的很多知名教授聊天，如教育人类学家沃尔夫，他时常告诉我，这一年听了什么音乐会，看了什么画展，去了什么博物馆，写了什么关于艺术教育的文章……

说到艺术，他们的两眼放光，带着沉醉微醺的神情……

我过去是感叹：这才是"生活"，"无艺术，不生活"。

今日更多的是反思：我，也是"美盲"患者之一。

与他们相比，在艺术之美面前，我的"美盲"本性暴露无遗，是典型审美意义上的粗疏者、粗鄙者，甚至是粗野者。

8

我人生中写的第一本书，是《贝多芬传》。

它早已消失不见了，但这还不是最值得遗憾的地方，最让我叹息的是，多年以后，我依然只记住了贝多芬的人生经历和他的坚韧，尤其是他的名言"扼住命运的咽喉"，我从未真正体会到他的音乐之美。

瓦格纳回忆："一天傍晚，在听了一支贝多芬的交响曲之后，我随即生病发烧。病愈之后，我就成了一个音乐家。"

瓦格纳是幸福的。我是不幸的。

9

审美力的缺乏，在很多人的生活中俯拾即是。

能欣赏梵高、高更，或者毕加索、达利的画吗？

不能。

能欣赏贝多芬、莫扎特、巴赫、柴可夫斯基的音乐吗？

听不懂。

能欣赏里尔克、曼德尔施塔姆、米沃什、毕肖普、策兰的诗歌吗？

看不懂。

能欣赏曹雪芹、列夫·托尔斯泰、福克纳、马尔克斯的小说吗？

太长了。

……

这是当代人的尴尬与苍白，无奈与无力。也是我的。

１０

无论怎么"高度评价"席勒的美育贡献，都不为过。

他把美提升到人性的层面上思考，并且与理性、与思维、与道德联结起来，超越了只是就美谈美，超越了只是在感性、感官的意义上谈审美。

"美"，在席勒手中，获得了前所未有的综合性、丰富性和深刻性。

最重要的"深刻"，是赋予了美人性的深度。

１１

美与人性的关系，只能这样理解：

美是怎样的，人性就是怎样的。

不同时代的人们，都在重复做着同样一件事情：

通过审美的生命力而重新恢复人性。

１２

艺术唤醒的是人对美的内在需要，——哪怕是文盲也爱听邓丽君，也能被美声打动，被美救治或救赎，不由自主地朝向美和追寻美。

13

既然美是人的"第二造物主"，美使人性成为我们的可能，那么，艺术与教育的联结也有了可能：

以美的方式通向人性，让人成为人。

14

艺术让人成为人。前提是：必须通过教育来完成。

15

一般人是把艺术当作名词和形容词使用的。

教育，把艺术变成了动词。

16

艺术教育培养"审美的人"。

审美的人，不应与"道德的人"、"政治的人"、"技术的人"分离开来。

艺术教育，把这些不同的人融为一体了。

17

艺术，艺术素养，艺术教育，是我们时代，以及未来时代的教育大势。

艺术，通向未来、通向理想人生、通向理想教育。

谁把握了这个大势，就把握了教育的方向和教育的未来。

18

艺术使人超拔于所有的生物，它是人从动物跃升为人的最后一个台阶、最后一道门槛，随后，人的灵魂得以飞翔……

艺术与教育的关联，就从这个台阶和门槛开启吧。

19

谁没有被某一种艺术作品晕眩过、惊醒过、点燃过、幸福过、静穆过、教育过，谁就没有享受过真正的人生。

20

我不敢自诩为绘画的鉴赏者，哪怕是爱好者，都勉为其难。在卢浮宫里的徘徊迷茫，多次让我惭愧不已。

但这并不妨碍我的灵魂被梵高的画作击中。那幅《向日葵》，还有《星空》，用它们的炽热点燃了我的炽热，而且能够持续燃烧。

不过，我更多阅读的还是《梵高自传》。他孤苦卓绝的人生和书信，陪伴我度过了一段艰辛孤苦的岁月。

作为艺术家的梵高和他的作品，是我的恩师之一。

21

艺术是生活本身，也是人本身。

生活与人的联结，在造就艺术的同时，也产生了教育的可能性。

22

只有艺术，才可以让人不用离开家就能离家出走。

出走之后，找到人，也找到真正的自我。

23

艺术使人得自由、得解放。

这一抽象的口号，或者"正确的废话"，瞬间被一位舞蹈教授在第一堂舞蹈课上的第一句话具体化了：

"舞蹈，就是打开你们的身体，解放你们的身体。"

24

在艺术中活着的人，不是作为"活着的人"，而是作为艺术的人。

为艺术而活，已然是一种有境界的人生了。

是克尔凯郭尔所言的"审美境界"吗？

既是，也不是。

在为自己的意义上，是。

在为他人的意义上，不是。

25

艺术之人，是充分敞开了自我、解放了自我、实现了自我的人。

艺术活着，并将永远活着，活在人类的灵魂深处。

26

能够被美打动，产生对美的惊异和好奇，哪怕是被美惊扰，都是幸福的人。

我们可以确凿无疑地说：这个被打动或被惊扰的，是"人"。

27

如果在一个美的世界里，找不到人性的踪影，感受不到生命生长的气息，那只能说明我们误入了歧途。

28

艺术带给人的，首先是一种敏感，是一种感受能力，它通向的是洞察能力。

200多年前的席勒就说：感受能力的培养是时代最急迫的需要。

它同样是我们时代的需要，也是未来时代的需要。

这是人类永恒的需要。

29

艺术让人的感觉觉醒。感觉迟钝的人，因为艺术而敏感起来。

当然，我们不能对这种作用有太高的期望。

除了"敏感"或多或少是一种天赋之外，原因还包括：

你永远唤不醒一个甘愿迟钝，或者以迟钝为荣的人。

30

在通向艺术的路上，"你"会遇见"你"自己。

其实，是遇见一个与现在不同的"自己"，可能是"更好的自己"。

31

艺术是对人的一种诱惑。

有时是神性的诱惑，有时是人性的诱惑，有时是动物性的诱惑。

32

艺术之路，是不同的路，有的朝向高尚、高雅和高贵，有的通向低贱、低下与低俗。

后者是艺术对人的"诱拐"，诱人趋向欲念、不离兽性，接近物性，坠入沉沦。

在权术、利益和情色江湖的浸泡下，泡出来多少"铁石心肠"、"衣冠禽兽"，但他们大多披着艺术的外衣。

玛丽莲·梦露用近乎控诉的语言说道：

"在好莱坞这个地方，他们为了一个吻，会付你 1000 元美金；而为了你的灵魂，他们只会付你五毛钱。"

艺术到底使人向上，还是向下，这始终是一个问题！

33

有家长质问："我的孩子如此优秀，为什么你们不让他学经济与管理，却要他学文史哲，还要学什么艺术？"

这肯定是一个"不人文"、"不艺术"，因而"不优秀"的家长。

他那如此优秀的孩子，可惜了……

34

席勒说，当人只是感觉到自然的时候，他是自然的奴隶，一旦他思考自然的时候，人就成了自然的立法者了。

这就是艺术教育的独特价值：

它带领师生感受艺术的同时，也帮助他们思考艺术，成为艺术和美的立法者。

35

艺术教育引领人走在寻美、创美的道路上。

艺术之路的路标是这样的：

从一般的现实达到审美的现实，从单纯的生命感抵达美感。

36

美是人性的馈赠。但对大多数人来说，这种馈赠只是一种可能性。

教育把这种可能性，变成了现实。

37

迄今为止，我眼中的艺术教育最常见、最大的误区是，把艺术教育缩减为、等同于拥有某种艺术技能，忽略了艺术需要、艺术气质、艺术品位的激发与培育。

不知不觉间，把"普通学校"变成了"艺术学校"。

与艺术学校相比，在普通学校从事艺术教育有何特殊性？

在普通学校接受过艺术教育的人，走出校门之时，我们不能只是探问：

"艺术技能"有了吗？

例如，会弹钢琴、拉二胡、弹古筝了吗？考了多少级吗？

还要追问：

"艺术气质"有了吗？

"艺术品位"有了吗？

"艺术鉴赏力"有了吗？

最重要的审问是：

有了对艺术的内在需要吗？

38

让艺术成为儿童的内在需要，应该成为艺术教育的首要目标。

什么是对艺术的"内在需要"？

就是对艺术上瘾，离不开它，没有它就无法更好地活着：

一年间，不去看几场电影或戏剧，欣赏几场音乐会，看几本小说，读几首诗词，就满身不自在，浑身难受。

39

只有变为人的内心需要的艺术，才会以弥漫、弥散和渗透的方式成为我们日常生活的一部分。

"一个人应该，至少每天都要听一支动人的歌，读一首好诗，看一幅美的画，并且如果有可能，还要加上几句明智的话。"

我一向不喜歌德的小说与诗歌，感觉"不自然"，骨子里总是一副端着架子的"教化者"的形象……但这段话触动了我。

它使艺术教育的日常化成为了可能。

歌曲和故事、音乐和舞蹈、言语和观念，一旦进入到儿童的生命中，他就永远不能没有它而活着。

这样的艺术教育，漫入、散入、渗入了学生的日常生活。

40

艺术的日常化何以可能？

需要把艺术变成学生的眼睛。

艺术教育的使命，是先给予学生美的眼睛。

然后，带着学生走遍全世界找到美。

接着，用这些美装点自己的灵魂。

41

艺术教育的误区，根子出在把艺术"对象化"：它只是外在于我们生命的某种存在，供我们去了解、去观察、去训练。

既然是外在的对象，它随时都可能离开我们，我们也会对它的离开无动于衷。

42

艺术是最容易给人以"气质"的。

我很容易从人群中轻易地辨认出那是"搞艺术"的。

艺术是艺术人的名片与指纹。

难以避免，有些"名片"是刻意做出来或搞出来的。

43

艺术素养、艺术气质必定是多元的、综合的，不应被一种特定的艺术技能或才能限制。

有人说：一个伟大的诗人必须首先是一首伟大的诗。这减弱了诗人的伟大性。这个诗人不应该仅仅是一首诗，他同时还应该是：

一支动听的歌、一段出色的舞蹈、一幅令人惊叹的画、一部戏剧或电影。

这样的人拥有了艺术的宇宙，其间繁星点点，且相互映照。

44

艺术之美，联结着感性与理性、情感与思维。

艺术与情感、与审美具有天然的亲和力，艺术之人，总是被预设为情感充沛、美感浓郁之人。

与思维呢？

艺术是否也通往思维？艺术之路，除了情感之路、审美之路之外，是否同时也是思维之路？

最根本的问题：

是否，以及如何以艺术的方式，培养思维？

45

海德格尔言：运思者愈稀少，写诗者愈寂寞。

我关心的不是寂寞，尽管那是哲学与艺术共同的徽章。

我关注的是：

如何在写诗、作画、奏乐、舞蹈、雕塑中运思？

46

作为艺术的教育，通向的是教育之美。

那些曾经出现、正在产生的教育之美，是能够在个体生命中留下来或剩下来的教育。

47

教育之美，是人的生命成长之美。如同花朵突然绽放，柳丝突然变绿的那一瞬间产生的美……

能够被教育之美触动的人，享受到了教育的幸福，他可能会拥有美好的教育人生。

48

"全、实、深，精、特、美"，这是中国"新基础教育"改革提出的目标。

"美"被置于最后，成为教育改革的最终目标，也是最高境界。

49

教育的最高境界是：审美的趣味占主导地位，美的王国在扩大，美成为教育王国的中心。

50

每一堂课，都是一个作品。好课，是艺术品。

我喜欢像欣赏艺术品一样，欣赏一堂好课。

51

教育的迷宫，是美的迷宫。

教育何时、何地，以何种方式，进入到美的迷宫？

又该以何种方式，走出教育之美的迷宫？

52

当教育者享受他的教学，当受教育者享受他的学习，他们就进入了美的境界，开始悠然享受教育自身之美。

53

在追寻美的过程中，同时寻找壮阔的想象风暴、激烈的情感风暴与隐匿的思维风暴之间的微妙平衡，——教育智慧如此，教育之美亦如此。

54

与所有的美一样，教育的艺术之美不是推理或演绎出来的，而是教育中的人以自己的生命实践出来的。

5 5

　　无论是美的教育，还是教育之美，纵有多少策略、路径和方法，都离不开一种最基本的方法：

　　多给孩子接触美好事物、美好景象的机会；

　　多给教师接触美好教育、美好教师的机会。

影
像
中
的
教
育

12

1

这是一个被影像包裹、被影像缠身、被影像撕扯，同时
也被影像教育的时代。

纯文字的教育力量逐渐衰弱，需要影像来拯救，需要与
影像联姻。

2

影像的世界，教育置身事外，教育身处其中。

3

影像世界与教育世界的联姻，彩礼和嫁妆是"转化"：

化影像为知识，化影像为能力，化影像为课程，化影像
为教学……

最终，化影像为人的成长与发展的力量。

最内在深刻的"转化"是：

化影像为教育者和受教育者的生存方式。

4

以教育的眼光看影像，影像具有育人价值，育学生，育
教师，也育家长。

最重要的影像，是电影、电视和照片。它们已经成为人
类知识的新源泉。

面对这些影像，教育的新目标跃然而出：

用影像之事，成影像之人。

5

有了影像与教育的联姻，电影世界和摄影世界多了一个
来自教育的尺度：

好电影、好照片具有强大的教育力，是能够将教育的想象力与影像的想象力融为一体的电影和照片。

6

与其说"一部影片，是一个已变成化石的思想喷泉"，不如说"一部影片是一个具有内生力的教育喷泉"。

7

影像，尤其是好的电影，之所以具有"教育力"，在于它总是能够触及人的灵魂。

伯格曼说："没有哪一种艺术形式能够像电影那样，超越一般感觉，直接触及我们的情感，深入我们的灵魂。"

进而，唤醒了我们的灵魂。

教育，不就是一个灵魂对另一个灵魂的唤醒？

8

电影和摄影，都蕴含了教育的真理。

这个真理，是 20 世纪的技术赐予人类最重要的礼物。

这一与教育有关的影像真理，过去处于被封印、被压制、被遮蔽的状态，到了该让它见天日、得光明的时候了。

9

教育电影已经留下了诸多如《放牛班的春天》那样的经典之作，但大多不是电影圈里的"畅销书"，这或多或少反映了"教育"在影像文化中的边缘地位。

什么时候，教育电影创造了新的票房纪录，引发了观影狂潮，产生了观看需要与学习需要，教育才真正变为老百姓的内在需要。

这样的时代何时来临？我谨慎乐观。

10

影像素养，是当代人的基础素养，或者核心素养。

11

具有影像素养的人，拥有三种能力：理解影像，阐释影像，创造影像。

未来走出校门的人，需要具备两大本领：读懂别人的影像，创造自己的影像。

12

影像时代的学校课程，新增了两个基础课程：电影课、摄影课。

1 3

今日及未来的教育，电影院即教室，影像即课程，电影即书本，摄影即素养。

1 4

步入影像时代后的教育，存有两种日常活动：

把读一本书变成一次学习活动，把看一部电影变成一次教育活动。

1 5

今后的时代，看电影与受教育，是同一件事情。喜欢看电影与喜欢受教育，是同一种需要。

1 6

换位思考，是影像教育的基本方法。例如，像教育电影中的人物那样学习、教学和思考。

17

从教育的眼光看电影，所有的电影都有教育性。

区别在于，有的电影带来"好教育"，有的电影带来"坏教育"。

前者通向"好人"，后者走向"坏人"。

18

电影蕴含了某种"呼唤"，对真正之教育、理想之教学的呼唤。

要让这种呼唤具有教育的力量，必须满足的条件是：

它是来自教师内心的呼唤，并以教师内心的呼唤去引发学生发自内心的应答。

电影为此提供了呼唤与应答的媒介和桥梁。

19

影像记忆，教育记忆，生命记忆，影像时代的人生记忆，是这三重记忆的融合。

想起了某一种影像，就追忆了教育，也回忆了人生。

20

我从电影中受到的教育，始于《音乐之声》。这是我个人生命中的第一部教育电影，也是我的第一堂电影课。

多年以后剩下来的，是玛利亚的教师形象，这是一位似乎完美无瑕的教师。

还有，虽然沉睡在心底，但随时能被唤醒的旋律，它与玛利亚的形象不可分离，相互唤醒。

21

我是把《音乐之声》当作"教育之声"来倾听的。

这是我个人生命中听到的，第一首献给教育的美妙乐声。

22

《浪潮》，是最打动我的教育电影之一。

对历史教师罗恩·琼斯的教学实验的呈现，其实也是电影实验，它以电影的方式复制和还原了"法西斯主义"在校园里的生成过程。它把包括我在内的观者变成了"学生"，领悟了那些看上去很美的理念与口号，诸如"纪律铸造力量"、"团结铸造力量"、"行动铸造力量"，如何可能变成邪恶和毁灭的力量。

　　我感到了恐惧，并且转化为一种提醒、警惕和自我诫勉。

　　我被《浪潮》触动了，或者说，我被《浪潮》教育了……

2 3

　　作为在部队里长大之人，有看战争片的喜好。那些有关战争的影像一次次激励着我，教会我如何在艰难困苦的情境下，保持激情、保持勇气、保持人性的力量和向上的力量。他们时刻提醒我：你是军人的儿子。

　　这是《长征》《亮剑》教会我的，也是《斯大林格勒战役》《拯救大兵瑞恩》《血战钢锯岭》等教会我的。

2 4

　　《亮剑》留给我的最深的影像记忆，是那个被日本骑兵砍断了一只胳膊的八路军骑兵连连长用残缺的另一只手奋力挥舞着钢刀，同时用干裂的嘴唇、嘶哑的嗓音吼出：骑兵连，进攻……

　　彼时，这位最终陨落的中国军人，变身为我的老师。

　　此时，我允许自己热泪盈眶，并不为之羞愧，因为我彻悟了什么叫勇敢、勇气和不屈不挠。

25

在电影世界里，有四类电影最具有教育性：

给学生看的电影，是对学生的教育。通过电影成全他们。

给教师看的电影，是对教师的教育。通过电影提升他们。

给家长看的电影，是对家长的教育。通过电影改变他们。

给师生与家长共同看的电影，是对他们共同的教育。通过电影形成教育的合力。

26

给学生的电影课，内含了一种呼唤或唤醒：

用电影呼唤儿童，在呼唤中成全孩子。

用电影唤醒儿童，在唤醒中成就孩子。

27

把教室变成电影院——给予儿童快乐和自由。

把电影院变成教室——给予儿童启迪与成长。

28

没有什么比《心灵捕手》这个名字更适合表达电影之于

学生的独特价值了：

用电影捕捉、触动、深入，进而赢获孩子的心灵。

29

影像时代的教育，成为什么样的人不再只是教师通过书本在教室里展现的，而是通过编剧、导演、演员，在电影院、电视中展现出来的人的形象。

看什么样的影像，被影像中的什么人物形象打动，可能就会培养出什么样的人。

30

男子汉越来越少怎么办？

就带着孩子看看《中国达人秀》中的无臂钢琴师刘伟吧……

看了，就知道了。看了，就产生了成为男子汉的可能。

31

带给儿童的影像，展现出什么样的男性形象，就会教育出什么样的男人。

如果这一代的男童，每天在电影中、电视上看到的都是一些不具备充分男性特征、缺乏浓郁雄性荷尔蒙的人，他们未来会以此为荣，并朝这样的人走去，从而成为这样的人。

社会允许出现这样的人，他的价值也是独特、不可替代的。但是，我同时也赞同这样的警醒：

这种"以娘炮为美"的审美倾向，一旦变成社会主流的审美倾向，随之出现的不只是"审美安全"，更是"国家安全"的问题：

我们不能指望这样的人，代表国家形象、维护国家安全。

影像中的审美安全，事关国家安全。

32

如何让学生体会生命的伦理之道，实施"生命教育"？

走进电影院这间教室，看看《小猪教室》吧……

新任教师小星，到某小学六年级2班的教室，给学生带来了一头憨态可掬的小猪。星老师提出自己的设想：让大家先养大这只小猪，然后再吃掉它。最初，学生们没有异议，后来随着他们与小猪的感情愈发深厚，产生了一个全班同学纠结不已、需要反复讨论的生命伦理问题：吃还是不吃？

借助"小猪"这个载体，也通过星老师对校长"养鸡不行吗？"的疑问的回应：

"我想让孩子们获得很深刻的体验。就像用身体去用力冲撞，这样才能更深切地感受到生命的力量，这才算是真正的体验教育。我想让他们好好体验食物的重要性，体会吃下有生命的东西代表着什么意义。"

这是一堂只有电影才能带来的生命教育课。

33

在开学典礼上，不一定要有多少致辞、演讲，只需放一段《蒙娜丽莎的微笑》里的镜头：

教师穿着学士服在学术厅里列队恭候学术，学术厅大门紧闭。

学术厅外，学生从校园各处向这里聚集。

一个学生在大门前整理仪容，然后用木槌叩击大门。

声音传来，校长大声询问："是谁扣响了知识殿堂的大门？"

学生回应："是我，一位普通的女性。"

校长再问："你来寻求什么？"

学生应答："通过刻苦的学习获得精神的滋养，将我的一生奉献给寻求知识的旅途。"

校长高声说："准备好了就欢迎你进来！所有和你怀有同样抱负的女性都将受到欢迎！现在我宣布，新学年开始！"

大门打开，在音乐的伴奏声中，沐浴着金色阳光的学生们鱼贯而入，向校长问候，校长向学生点头致意。

悠扬的钟声里，一群白色的鸽子自由地飞向天际。

……

我从不怀疑，参与或观看过这种教育仪式的孩子将终身难忘。

我从中知晓了，"仪式"对于人的成长是多么重要和不可替代。

３４

哪怕是更适合教师看的电影，同样也能给学生带来教益。

《叫我第一名》中的布拉德，把控制不住发出怪叫的"妥瑞氏症"称为自己一生的朋友和老师，在年度优秀新教师的颁奖典礼上发言时，他感谢这位自己"最执着、最难搞的老师——多年的同伴妥瑞氏症"，在疾病的陪伴下，他"学会了坚持到底"、"学会了不让残疾阻止自己"、"学会了不让残疾打倒"。

疾病成了他的老师，也成了所有学生的老师：从布拉德老师那里，学会如何面对疾病。

35

电影走入课堂之后，课堂活动的性质发生了根本性的转变：课堂是用来观看和讨论的。

36

如何让学生领会中国饮食文化？

无需多少文字说明和图片展示，只需把《舌尖上的中国》带入课堂。

学生获得的一定不只是对中国美食的感叹和憧憬，还会因此把"文化体认"、"文化自信""文化之美"埋在心底。这是他们走出校门之后悄然带走的东西，尤其是中国人心目中的"饮食之美"。

这些影像带来的美，不会轻易消逝……

37

给教师的电影课，目标是：看电影，学教育。

38

读懂"电影"或"电视"这本"教育之书"，或者说

"无字之书"，是当代教师的新基本功。

39

讲师德？没有什么比看一部类似《乡村女教师》《美丽的大脚》和《叫我第一名》这样的教育电影更有效的师德教育了。

它们让教师哭、让教师笑、让教师振奋、让教师唏嘘感叹。

它们还拥有唤醒教育之力：唤醒了教师的灵魂，并且让这种唤醒转化为了教师坚持的勇气，以及自我成长的力量。

40

对学生之差的抱怨，是最常见的教师怨言。

当老师们絮絮叨叨于自己的学生如何"差"，如何影响了自己的形象、声誉和晋升之路的时候，不妨请他们进入《自由作家》的电影世界，看看教师艾琳在那间混乱的203教室所面对的学生：

送到这个教室里的学生，来自社会底层和各种对立的种族：有的犯过罪，有的是瘾君子，有的父母正在坐牢，有的刚从少年看守所出来，还有一两个正戴着电子镣铐接受监控。他们习惯于虚度光阴，不务正业，把学校当成游乐场，拉帮结派，打架斗殴，有的甚至认为自己能活到18岁就已经很值得庆幸了。

目睹了艾琳的境况，或许我们会少一些抱怨，多一些直面所谓"差生"，或者"待优生"、"潜能生"、"希望生"们的勇气、信心与智慧。

41

著名的马修老师在《放牛班的春天》里这样与学生交流：

马修请孩子们在小纸片上写下自己的姓名、年龄和理想的职业，学生佩皮诺不知道该写什么，这时马修轻轻蹲下来，用一只温暖的大手轻轻搭在他的肩头，耐心地温和询问……

什么是师生平等？什么是儿童立场？这就是了。

一个镜头、一个画面足以。

它胜过千言万语。

42

要展现和实现师生平等，还可以走入《叫我第一名》。

主人公布拉德患有怪病：不由自主地扭动脖子，发出怪声。

校长迈尔在一次全校音乐会上，向大家敞开了布拉德怪异行为的原因，他询问布拉德："老师和同学能帮你做些什么呢？"

布拉德的回应简洁明了："我只是希望，能像其他人一样得到平等对待。"

他走回自己座位的时候，仍然没能控制住自己的怪声。

大厅里的老师和同学此时都站了起来，用掌声来表达对他的理解和尊重，同时也表达了歉意和接纳。

从事"全纳教育"的教师和所有的学生，都应该看看这部电影，它理应成为师生们的"必修课"。

43

教师的教育信念从何而来？

以往是从书本中来、从培训中来，从老教师的教导中来，从自己的实践中来。现在，还可以从电影中来。

《乡村女教师》中，瓦尔娃拉刚从学校毕业就对自己的教育信念清晰明确：

"假如我们真心诚意、耐心地用教育来感化他们，即使是一个最坏的人也会变好的。"

《美丽的大脚》中的张美丽：

"我有啥志向？我的志向不就只在这些孩子身上吗？"

《叫我第一名》中的布拉德：

"我不认为哪个孩子是难教的，他们都想学习，你永远不能放弃。"

这些教育信念，朴素、朴实、朴诚，借助影像的力量，有了打动人心、触动灵魂的教育力量。

4 4

现实中的教师们能够从电影中教师们的身上学会这样一些本领：

学会像《孩子那些事儿》中的林冬青老师那样，在真实、具体的教育情境中理解学生和研究学生，把毕业论文中研究过的问题学生，把书本中的学生，教授们研究或讲授过的学生，从抽象变成具体、生动、现实和多样的学生；

学会像《音乐之声》中的玛利亚老师那样，用儿童的眼睛看儿童，有效询问和倾听孩子的声音；

学会像《地球上的星星》中的尼克老师那样，给予障碍儿童宽容和耐心；

学会像《小猪教室》中的星老师和《超脱》中的巴斯老师那样，面对家长的激烈质问和挑衅，既沉住气、冷静面对，又迂回处理；

学会像《拉扎老师》那样，与学生一起直面死亡事件；

学会像《热血教师》中的克拉克老师那样，重拾教师的信心与教学的勇气，哪怕他所面对的学生被世人贬为"垃圾"；

学会像《生命因你而动听》中的霍兰老师那样，避免只是单纯传授知识，还要引领学生的生命方向；

最重要的本事，是从《心灵捕手》中的西恩老师那里学到的，如何走进学生威尔的心灵，从而帮助学生认识自我、发展自我、实现自我。

4 5

退休前，学生和同事给他准备了盛大的欢送会和音乐会：

音乐会前，霍兰曾经的学生，现在的州长格楚特女士说：

"霍兰先生对我的一生有着深远的影响，对我们许多人的一生也是这样。他或许认为自己的大部分人生都是虚度的，据说他经常写自己的交响乐——那些可以令他功成名就的交响乐，但是霍兰先生并没有发达，也没有成名，所以不难理解他的失望。但是他错了，他的成就远比名利更伟大。"

她接着转向霍兰：

"看看你的周围，这里没有一个人不曾受到你的影响。

因为你，我们才成为更好的人，我们就是你的交响乐！霍兰先生，我们就是旋律，我们就是你生命的乐章。"

这是迄今为止，我听到的对教师的最美评价，没有"之一"。

如果每年观看这部电影的 1000 位教师中，哪怕有一位教师因此成为了霍兰，成为了学生生命的旋律和乐章，这部教育电影就名垂青史，成为永恒之作。

46

《放牛班的春天》中的主角马修，是所有教师的教师。他带来的绝不只是些教育技能、技巧和策略，他教给我们的最重要的是"勇气"：爱的勇气、教育的勇气、改变的勇气。

47

家长，也是电影课中的受教育者。

《三傻大闹宝莱坞》是给家长的一堂电影课。

它在让人欢笑的同时，也给予家长提醒与告诫：

读书为了什么？学习为了什么？

电影中真正的兰彻和他的父母是为了文凭和面子："有了一纸文凭，就不用再受别人的嘲笑了。"

　　假冒的兰彻是为完善自我人生而学。尽管他得不到文凭，但考试次次第一。

　　他的对手和敌人法罕最终感叹：

　　"我突然对那个家伙肃然起敬。大多数人上大学只为混个学位，他上大学是为了获得学习的乐趣。"

　　如果走出电影院的家长能够思索并彻悟这样的问题：

　　"我如何让自己的孩子享受学习的乐趣"？

　　这就是一堂成功的家长电影课。

48

　　如何保护孩子的兴趣与爱好？

　　可以模仿《幸福来敲门》中的父亲，他对儿子说：

　　"别让别人告诉你，你成不了才，即使是你爸爸也不行。知道了吗？如果你有梦想的话，就要去捍卫它。那些一事无成的人，总会说别人也成不了大器。如果你有理想的话，就要努力去实现。"

49

　　怎样唤醒孩子，进而发现和开发孩子的潜能？

　　有《摔跤吧，爸爸》里马哈维亚这样的家长典范，也有

《舞蹈人生》中煤矿工人的孩子比利和他顽固的父亲的激烈冲突引发的教育启迪。

从后者的舞蹈激情里，我感受到的是另类"教育激情"。

50

不少电影课，同时带给学生、教师和家长共同的教育。

当《卡特教练》中的里士满高中篮球队不敌对手，虽败犹荣的队员们礼貌地和对手告别致意，和家人朋友温情拥抱之时，目睹这些队员兼同学的变化，卡特告诉他们：

"我是训练篮球队员的，但你们却成为学生。我是训练男孩的，但你们却成为男人。"

他其实是告诉所有的人：

无论是当教师，还是做学生，都是为了"成人"而不是"成功"。

教育的对象，是教"学生"，不是教"考生"。

他同时呼应了《三宝大闹宝莱坞》中兰彻的告诫：

"教育不能只是训练得好，而应该是教育得好。"

51

最好的观影方式是家长、教师带着孩子一起看教育电影。

我最想和家长、教师与孩子们一起观看《小鞋子》。

当小女孩发现自己的鞋在别的女同学那里，和哥哥一同去索要的时候，发现那个女孩的父亲是一个盲人，家境同样拮据窘迫……一直轮流穿一双球鞋的兄妹俩面面相觑，默默转身离开了……

当小男孩知道参加马拉松长跑，季军可以得一双新球鞋，他胸有成竹地参加了，但却一不留神得了第一名……回到家里，他脱了原来那双破球鞋，把跑出血泡的双脚伸进水池，水里的金鱼围了上来……这依然是沉默、宁静的时刻，没有任何语词……

此时，谁在这无声无息之处内心泛起波澜，甚至泪光点点，心中想到些什么，留下了什么，谁就受到了教育。

52

所有的教育电影，都是"成长电影"。

最好的教育电影，是一部关于所有人的成长电影。

例如，《奇迹男孩》。每个人在成长中都会遭遇到质疑、误解、谎言、冷眼、嘲讽、挣扎、阵痛，还有痛苦的泪水，以及镜头里的点点滴滴细节，这些透露出的真善美、宽容与理解、勇气与希望，都是人类永恒的处境，所以人人都可以在其中找到影子，产生共鸣，受到教育。

53

到目前为止，我写下的电影课都属于对电影的"教育阐述"，还不是"教育创造"。

数据时代的教师，需要的是"创造数据"的能力；

影像时代的教师，需要的则是"创造影像"的能力。

54

教师既是教育电影的解读者，也是教育电影的创制者。

课堂是教师的电影工厂，教室是教师的拍摄影棚。

55

每一次教育活动，每一堂课，每一节班队活动，都是一部电影。

56

不久的将来，教会学生摄影，教师自己摄影，都将成为新的教育素养与能力。

导演和摄影师将走入学校，步入课堂，帮助教师学习如何导演和制作自己的教育电影。

57

　　与本雅明对机械时代摄影艺术及作品的惊人预言与分析相比，我的这些预言显得多么稀松平常，多么粗糙和幼稚……

　　但我的自卑，我的悲观，很快被些许自信弥补：

　　我可以做一件本雅明，还有那位写出过《论摄影》的桑塔格都做不了的事情，把摄影引入教育，以教育之眼看摄影，为摄影展现了更多的教育可能，包括进入教育与永恒的可能。

58

　　"摄影"已经成功接过了"绘画"的接力棒，成为我们时代新的教育资源，不，是新的"教育的力量"。

59

　　每天都会在世界各地的学校里、教室里、班级里、家庭里、社区里诞生各种"教育照片"，它们贴满了学校的墙壁，汇成了一本本相册集……

　　这是一个照片喷涌、爆发的时代。

　　这些摄影作品同时也是"教育作品",是一些无法让人无动于衷,具有内在生命活力和教育活力的教育作品。

　　如何解读这些照片,如何挖掘和传递这些照片的教育意义,又该如何让照片的育人价值得以充分实现?

　　对这些问题的深思熟虑和具体践行,是影像时代的教育面临的重大任务。

戏
剧
中
的
教
育

13

1

人人都有自己的戏剧，都有属于自己的戏剧人生。

每一个人的戏剧人生，都是不一样的精彩。

2

观看别人的戏剧，也是观看自己的人生。

投入别人的戏剧，也是投入自己的人生。

3

戏剧与教育的联结点，是"人"。

戏剧能够"育人"，教育以戏剧的方式"育人"。

4

教育戏剧，不是戏剧教育，尽管它来自后者，而且时常以戏剧教育的面目出现。

5

戏剧教育，重在"戏剧"。

它导向的是戏剧素养与能力的培养，"教育"成为"戏剧"的手段与工具。

教育戏剧，重在"教育"。

它走向的是"全人"、"新人"的培育。

"戏剧"服务于"育人"，以"成人"、"育人"为目的。

6

支撑教育戏剧的理念是"教育理念"，不是"戏剧理念"，也不完全是"教育戏剧的理念"。

"教育戏剧的理念"不能也无法替代"教育戏剧背后的教育理念"。

7

育人，育出"全人"，育出"理想之人"，是教育戏剧的教育理念，也是教育戏剧的全部目的。

8

我们观看教育戏剧的时候，看什么呢？

借用尼采的话来说：

"看啊，这个人！"

9

以教育的眼光看戏剧，穿透种种故事、角色、场景，看到人本身，直面人的变化与成长。

不要用戏剧中的瓶瓶罐罐、枝枝叶叶，遮蔽了其中的人。

不要用戏剧引发的掌声、笑声、欢呼声，湮没了人本身的形象。

56 号教室奇迹的创造者雷夫如此说：

"我们的演出不是为了得到掌声或经久不息的起立喝彩，而是关乎语言、音乐、团队合作、冒险、纪律、勤勉，以及自我发现。"

教育戏剧成己成人。

1 0

我从"戏剧"中受到的教育，让我成了现在这个"人"。

我说的不是看了《哈姆雷特》《茶馆》《四世同堂》这样的戏剧，尽管他们曾经让我如此沉迷……

我说的是"日常生活中的戏剧"，在我生活过的陕西、河南的部队大院里，在我工作过的北京、上海的街头，在我常去的校园里、教室里，每天都在发生的戏剧。

它们每天都在教育着我，推动着我的生命发生各种改变。

1 1

教育戏剧，是为人而来，为人的生命成长而来的。无论它为的是"大写的人"，还是"小写的人"。

戏剧，允许"小写的人"的存在，并为之投入深情。

教育戏剧，为所有人的教育投入激情。

1 2

教育戏剧是一种真正的训练与培育。人们公认：从中走出的儿童更加有创意，是更有自信的交流者，在解决问题方面更擅长，更具创业精神，是更为积极的公民；更有幽默感和更能应付压力。

这些共识还是没有穷尽戏剧的育人价值。雅斯贝尔斯式的话语方式更能展现教育戏剧的教育伟力：

它让不同的云朵相互推动，让不同的树木相互摇动，让不同的灵魂相互唤醒。

１３

"戏剧"如此吸引教育者的目光，在于它包含了异常丰富的育人价值：带给儿童以想象与创造、合作与沟通、自信与自主，还有善良与同理心……

它还承担了医生的角色，具有治愈儿童心灵疾病的功效。

为这些"教育戏剧常识"而奠基的活动，是"表演"：

观看他人表演和自我表演。

贯穿其中的是模仿和创造。

１４

"表演"是教育戏剧的关键要素。

很多人很好奇，我的那篇博士论文为什么会以"教育生活中的表演"为题？

迄今为止，仍有不少人反对将"教育与表演"联系起来，坚持认为，教育不应该有"表演"。一说到表演，他们的头脑里即刻浮现出"虚假"、"作假"等各种"假象"……

这恰恰是我想扭转的一种成见：

表演，不是假象，是生活或人生的真相，也是教育生活中的真实。

表演，有教育的价值，有教育的伟力。

表演，通向人的成长与发展。

人就是在自我表演、观看他人表演中成长与发展起来的。

15

把课堂还给学生，就是把自主表演的权利还给学生，让学生充分地表演。

它打破的是一种悠久的教学传统：

教师是表演者，学生只是观看者。教师支配、主宰了学生的表演。

即使同样在表演，与学生相比，教师的表演太充分了，剥夺了学生表演的时间与空间。

教育戏剧的出现，改变了传统教学的表演格局。它带来的最大改变是：

打开了孩子的心灵世界。

16

教育戏剧带来了什么样的"新课堂"?

"一个理想的戏剧教育的课堂应该是这样的,教师需要把王冠取下来,静静放到椅子上,然后和学生说,'这里并不需要国王,我们每个人参与其中,并承担责任,一起探索、学习和发现'。"

教育戏剧走入课堂,让教师这个"国王"退位,让学生这个"人民"当家作主。

17

教育戏剧最吸引我的是漫溢其中海阔天空、汪洋恣肆的想象。

首先是"身体的想象力"。它从打开孩子的身体开始,让那些稚嫩的身体如同花朵一样在表演中舒展、绽开,还有"绽放"——请允许我使用一下这个略显俗气的语词。

其次是"思想的想象力"。它打破了作为表演者的儿童的思想边界,超越其原有的界面和维度,飞升到新的界面上思考,儿童的人生边界由此而拓展。

到了最后，两种想象力已经难分彼此，在水乳交融中相互玉成了。

18

如果只是把教育戏剧变成"剧场演出"，将导致教育戏剧被封闭在狭小的"演出大厅"里，虽然这个"大"厅比所有的教室都要大。

热闹的剧场演出，阻碍了教育戏剧日常化的进程。

教育戏剧的日常化，要把教室变成剧场，把课堂变成大厅，把教学变成演出，把戏剧表演变成师生日常教学生活的一部分。

如此转变之后，教育戏剧的育人之力，才可能彻底融入日常教育生活的毛细血管之中。

19

当下的教育戏剧，需要从剧场走向教室，从编剧走向学科，从课本剧走向教学剧。

如果把教育戏剧之路比喻为绵延"100里"的长路，通过小剧场式的专项演出、编制专门的戏剧课程只是走完了前面的50里路……

前 50 里是奠基性的，但毕竟只是整个路程中的前半段。

后 50 里路，走出的道路是教育戏剧的学科化、教学化，是从教育戏剧的普遍逻辑走向特殊逻辑，在特殊化中生成教育戏剧的语文逻辑、数学逻辑、英语逻辑、物理逻辑……

后 50 里路，解决的是"有戏剧，无学科"的问题。

20

教育戏剧与学科的关系，是一个螺旋式往复上升的关系：

先打破学科界限，再回到学科，建构每个学科教育戏剧的运用与转化逻辑，随后，再度打破学科界限，走向综合融通……

21

教育戏剧中的"语文逻辑"致力于"在表演中学语文"，避免"有表演，无语文"。

它针对四个普遍性的问题，作出了语文式的回答。

为什么表演？为了学生理解语言、内化语言、提升语言理解和表达的能力。

表演什么？表演文本中的语言，包括字、词、句、段和篇。表演点来自语言点。

如何表演？基于语言生成与发展的逻辑设计表演的环节。

表演之后做什么？返回文本和语言，重新阅读和展开写作。

2 2

在教育戏剧学科化过程之中，最常见的问题是过于关注程式化的身体动作、神态的呈现，忽略了作为表演对象的学习内容的领悟和思考，以"身体的动"替代了"思维的动"。

有一个被广为传诵的案例：

讲解陆游的《游山西村》时，时常鼓励学生运用程式化动作将诗歌所描绘的场景进行动作化再现："莫笑农家腊酒浑"，作"举杯饮酒状"；"丰年留客足鸡豚"，作"吃喝状"；"山重水复疑无路，柳暗花明又一村"，作拨开路障探路，四处探望，忽然"欣喜状"。

对于表演者而言，这样的动作既没有什么挑战，也容易止于动作本身，远离了对语言本身的精研揣摩。

在观看者那里，产生的问题更大：被表演者或逼真形象，或滑稽可笑的动作吸引，并且转化为善意的哄笑，浅薄的愉悦，诗词中的意境却被遗忘了，或者，被笑没了，一笑之中意境全无。

问题的实质是：形式感有了，内容感丢了。

23

教育戏剧界流行的身体雕塑，只有将其与思想雕塑、灵魂雕塑结合起来，才得以充分挖掘和实现教育戏剧的育人价值。

24

当代全球教育已经进入教育戏剧的时代。

是否善于用教育戏剧的方式从事教育，进行教学，是当代教师的"教学新基本功"。

25

教育戏剧之于教师成长的价值，在于提升教师的"表现力"。

好的表现力，是好教师的普遍特质。

接受过教育戏剧训练的教师，不要求他们成为好的演员，但至少要让他们的"教学表现力"有大的提升。

26

教育戏剧在打开学生的同时，也打开了教师的心灵和身体，并因此实现了对教师的解放和救赎。

question

▽

education

技术中的教育 14

1

"我们来追问技术，这种追问构成一条道路"，海德格尔如此言。

沿着这一道路，我追问"技术与教育的关系"，这条道路早已喧闹不堪，长满了花花草草，但依然值得继续追问，直到它呈现出应有的模样。

2

我一度对技术心怀恐惧。

受到各种技术批判理论的影响，技术成了我眼中的"洪水猛兽"。

读博士期间，正流行"换笔"，钢笔、粉笔、铅笔的传统书写方式，变成了计算机的书写方式。我拒绝"换笔"，坚持钢笔书写。但导师叶澜先生的质疑粉碎了我的执着：你的字写得那么难看，为什么不用电脑打字？

这是我的软肋之一。硕士毕业后之所以未能留校，也是因为一位备受尊敬的元老发话了："政涛这个小伙子人不错，就是字写得不好……"

最终，在技术的帮助下，我成功地实现了"换笔"，而且打字能力锤炼得"炉火纯青"。

3

无论现代信息技术有何种弊端，它已然成为人类教育生活中的空气、水和面包，成为我们的日用之物。

既然是日用之物，我们可以批判，可以痛斥，但离得开吗？

这是人类时常陷入的悖论之一：需要对离不开之物进行省察与批判。

4

电脑以机器的方式把课堂还给了学生。

更多的时间还给了学生：上网、搜集信息以及与别人交流……

更大的空间还给了学生：原本由教师掌控的教室空间被切割为几十个，学生拥有了独立的操作空间，它既是物理的空间，又是心理的空间，一种自由自在，而且被尊重的感觉焕然而出。

电脑把空间还给学生的同时，也显现了对个人空间、私人空间的尊重。

这是技术赋予的教室伦理。

5

信息技术来了，教育生活中的交往方式变了，网络、电脑既联结又阻隔了人与人：多了技术的"媒婆"，师生之间面对面的交流大为减少，甚至无需面对面地交流。

教育如何离得开人与人之间面对面的交流、互动？

未来的教育，将出现不曾谋面的老师，或者不曾谋面的学生？

6

冥想、沉思、遐想，这些属于灵魂的事情，越来越少了。

属于外部感官的事情与日俱增：习惯于看视频，看那些跳跃、闪动的画面，听那些很快就会变为烟云的歌曲，昭示着当代新人类的癖好：

多看、多听，但少想，直至不想……

它让我们不断地朝外远行，而不是回到内心深处。

7

技术造就了"新人"。

这是技术带给教育最大的改变，改变了人本身。

那些花样繁多、日新月异的技术手段和工具，以技术之名产生的教学程序与教学方法，不过是技术带来的副产品而已。

8

技术造就了"技术人"。

技术人患有"技术依赖症"，重症患者是"技术狂热症"。"他"追求实用，轻视高深的思想和优雅高贵的灵魂，对任何有深度的抽象嗤之以鼻，弃之不顾。在"他"眼里，一切皆为技术，一切问题都可以、都应该通过技术来解决。"他"拥有对操作性技术无休止的追寻：如何操作？请给我操作的技术！

技术人"喜新厌旧"。"他"对新技术嗅觉灵敏，趋之若鹜，对旧技术反应冷漠。在"他"的世界里，只有过时、没有用的技术，没有传统的依然有价值的技术。不要指望这样的人对传统怀有温情和敬意。

技术人"思维清晰但肤浅狭隘"。"他"不懈地钻研技术，但钻之弥深，思之弥浅。"他"仿佛是在孜孜不倦地挖掘一口技术之井，在越挖越深的同时，也使自己陷了进去，变成了井底之蛙。

面对这样的"技术人"，教育何为？

9

技术人催生了"图像人"。

图像人或长久地围聚集在电视机旁，沉醉于动画片、电视明星之中，或手捧色彩鲜艳的卡通书，手不释卷，或终日沉浸在电脑游戏创造的图像世界里不能自已……

图像人有着明显的"图像依赖症"，习惯于图像化、故事化的叙事方式，只有图像才能焕发他们的活力，但对深刻性的思想兴趣淡漠，当然，他们也不以思想深刻作为追求目标，那样会让他们觉得活得"太累"了。他们对文字阅读的兴趣减弱，尤其是对抽象的文字唯恐避之不及，他们只习惯于文字与图画式的结合，对文字和文字之美的敏感减弱。他们缺少足够的兴趣，更没有足够的耐心阅读那些经典著作，包括文学经典。即使就他们最擅长的图像而言，他们的审美感知层次也往往处于低层次的粗浅状态，只会阅读和理解卡通书、电视、流行报纸、时尚杂志上的图像，对古典绘画和现代派绘画既难以欣赏，也没有多少兴趣。

在对图像的阅读过程中，"他"的注意力也总是被引向视觉、听觉等可以直接感知的图像细节之上，处在东停一处、西游一地的漫游状态。容易陷于图像视觉的低处徘徊，难以升高鸟瞰，建立起整体的观感。在图像面前，"他"的思考或止步不前，或浅尝辄止。图像一消失，思路就关闭，既不能步步推进，深入图像的内部，也无力将不同的事物联系起来，摸索它们背后的隐秘关联。

图像人总是以追求实用为目标，追求通俗易懂、易记忆的图像，他们的消费需求是快餐式的图像消费，图像的乐趣取代了文字的乐趣、思维的乐趣。他们本能地排斥艺术、科学和形而上学的思考，长此以往，造成精神味蕾的迟钝化、单一化和粗浅化。显然，对这些"图像人"而言，是"图像"而不是"文字"重组或建构了"他"的生存方式，包括思维方式、行为方式，乃至世界观和人生观。

面对"图像人"，教育又该何为？

1 0

当技术与教育相遇，首先跃入眼帘的问题是：

技术如何促进人的生命成长？

技术如何为人的生命成长奠基？

师生使用教育技术的过程，理应变成促进人的生命成长的过程。

1 1

技术时代的"人性"，变了吗？

以往时代的参照系是"物"，通过与动物、植物的对比彰显"人性"。

技术时代的参照系是"器"，通过与机器的比较凸显"人性"。

当人工智能越来越像"人"，逐步具备人的智商与情商，甚至被授予"公民"身份，当克隆人、基因编辑之人走在破茧而出的十字路口，过去人之为人的特质与根基动摇了……

什么才是"人"？

在越发强大且愈加具有"人性"内涵与深度的机器面前，我们对这个问题的传统答案显得越来越不自信了。

教育如何在技术时代守护人性？

首要的问题是：守护谁的，以及什么样的人性？

12

对于教育技术，我们如何思想？

技术学式的思想方式。它的使命是永不停歇地开发和使用新技术，是为技术而技术的思想。

哲学式的思想方式。它的使命在于对技术的反思和批判。虽然霍克海默、阿多诺、马尔库塞和海德格尔的视角、观点各异，但共同触及到了技术对人性、对生命的扭曲与戕害，他们通过对技术"解蔽"，为人类提供警醒。

教育学式的思想方式。它以"促进人的生命成长"为使命，开辟了一条道路：

技术通向教育之路，技术通向人的生命成长之路。

13

当"教育"与"技术"并列，成为"教育技术"之时，内含着一种双向式的眼光：

从技术的眼光看教育，技术改变了教育什么？

从教育的眼光看技术，教育为技术提供了什么？改变了什么？教育对技术提出了何种吁求？

14

最容易被忽略，因而被遮蔽的问题是：

朝向技术，教育给予了什么？带来了什么？改变了什么？召唤了什么？

15

教育为技术带来的首先是"理想"：人的理想图景，教育的理想图景。

教育用人的理想样式和理想的教育样式要求技术并改变技术。

"理想"背后是"价值观"，是人的价值观和教育的价值观。

16

什么是好的教育技术？

要看能否回答好如下问题：

对人的成长与发展有什么帮助？是什么程度的帮助？是什么性质的帮助？

通过某一技术的使用，促进了人的发展，还是阻碍了人的发展，窒息了人的生命的活力？

17

人的成长与发展之道，是教育技术的"芯片"与"密码"。

18

与别的技术相比，"教育技术"的独特在于：

技术的可能性，与人的可能性、教育的可能性缠绕在一起。

它们相互引发、相互催生。

如果不把技术的无限可能与人的无限可能、教育的无限可能联系起来，就不配称为"教育技术"。

19

教育技术，本质上是对人的可能性的一种挖掘与召唤。

通过教育技术的使用和创造，持续产生"教育的可能性"与"生命发展的可能性"。

这是"教育技术"的本真之处：为人的发展提供来自技术的可能性。

20

最好的教育技术，不是限定人、束缚人，而是向人的生命成长开放的技术，是在技术的运用中唤醒生命活力、张扬生命个性的技术。

21

设计教育技术，就是设计人的生命成长。

这是教育技术、教育技术学的逻辑起点与基本理念。

教育技术的首要工作是为在技术世界中的人的生命立法，即确立技术时代"理想新人"的标准。

22

教育技术视野内的"理想新人"，在具有精深的技术素养，掌握包括学习技术在内的各种技术的同时，还要善于对不同技术之于自身发展的意义加以反思、判断、选择与改造。

这样的新人，既具有严谨的技术思维，善于把抽象的观念转化为行动的技术，同时还能从技术的漩涡中抽身而出，对技术给予自身生命的限制保持警惕，以自身的意志和行动去打破技术的限定，实现对技术的自我超越。

达到此种状态的新人，得以进入庄子所言的"物而不物，故能物物"的自由状态。

这是技术时代的理想新人，也是技术时代的自由人。

2 3

人工智能带来了"技术"，也带出了"时代"。

它给予我们的是"宿命"：只能接受，无法拒绝；只能利用，不能丢弃。

2 4

审视人工智能时代与教育关系的基本思路是"变与不变"、"替代与独立"。

人工智能出现了，哪些是当下的教育需要改变且必须改变的？哪些是始终不变的，永远与教育、与学校、与教师同行同在的？

人工智能来了，人类的哪些教育活动会被人工智能替代？哪些不能被替代，始终卓然而立？

如同欧盟所宣示的："技术可以放大杰出的教学，但是再伟大的技术也不能替代平庸的教学。"

这些不可改变、不可替代的存在，既是教育的灵魂，也是人类文明延续与发展不可动摇的基石。

25

人工智能可以替代教师"立功"、"立言"，却无法替代"立德"，更不能替代"立人"。

教育永远是"人教人"、"人立人"，而不是"技教人"、"机教人"和"术立人"。

26

为什么在人工智能时代，教师依然无法被替代？

因为他们在教育教学中给予学生的是只有"人"才可能给予"人"的：

让教育教学远离机器、数据和技术的冰冷和薄情，充满人性的温暖、温情和温度。让教师的灵魂扎在学生的灵魂之中，与学生的一生同行。

27

人工智能赋予了教育新的智能，但也可能稀释、抑制了教育原本的智能。

28

已有人工智能与课堂教学的"整合"，更多是"添加"、"放入"，而不是"融合"。

真正的"融合"意味着以"相互"取代"单向"，产生只有相互融入才可能产生的"化学反应"，才可能生成的新的力量。

29

人工智能时代的教育者，最后留存或剩下的是三样东西：价值观、情感与思维。它们是人性赋予教育者的天然宝物。

教
育
中
的
教
师

15

1

给教师以爱、理解、温暖，以及理智的批评，是社会对于教育的基本责任和义务。

2

"我"能读懂教师吗？

当"我"心中有了肯定答案的时候，才有资格和底气对教师"指指点点"、"评头论足"。

官员如此，校长如此，家长如此，教育研究者也如此。

3

在各种减负的吁求和喧哗之中，最纠结的是教师，总被遗忘的也是教师。

何时"减负"降落到教师的身上，教育才可能迎来新的希望，甚至新生。

4

在教育者的世界里，藏有这样的问题：

"我"为什么要当教师？

"我"准备成为什么样的教师？

"我"如何成为这样的教师？

当好这样的教师，"我"最需要做些什么？改变些什么？

让这些问题在头脑中一次次回响，领悟它，回答它，是教师一生的功课。

5

我期待的教师人生是这样的：

耗尽自己的青春，投入爱与悲悯，对应教育的世事，映照教育的精神，安放教育的灵魂，传递来自生命成长的各种新鲜的消息，只为了让那些稚嫩的面庞顺利走向属于他们的青春，体验属己的爱与悲悯。

6

教育者的灵魂是优雅、端庄和甜蜜，以及焦躁与痛苦的混合体。

在古往今来的教育者的灵魂中，最稀缺的品质是悲悯、宁静和从容。

悲悯者常常会对生命成长中的痛苦和悲剧满怀同情，他深知不是所有的教育都对生命成长有所助益，也不是所有的教育都能有助于生命痛苦的解脱，有时教育本身会加剧这种痛苦，加重生命的负荷。

教育中的悲悯，在于对成长过程中生命所必将承受的痛苦、挫折、失败及各种危机的悲天悯人，在于对所有这些危机和遭遇的敏感和敬畏。

带有悲悯之心的教育者，面对着那些艰难成长着的孩童的生命，脸上带着微笑，内心充满柔情，灵魂深处则在流泪或滴血。

7

人们赋予了"教师形象"太多的美好，太多的幸福，太多的温柔，在真实的教师生活中，它们大多是一种想象，大抵成了一种表象，甚至是幻象。

教师日常生活中所经历的残酷，所遭遇的冷酷，所触碰的伤痛和坚硬，是教师世界不为人知，或者不愿被公开、被正视的秘密。

8

范梅南的名言：教学是即席创作。

每个教师都是课堂作家、课堂艺术家和课堂创客。

这是何等荣耀而艰难的称号！

9

"人诗意地栖居在大地上"，荷尔德林的这句诗一再被人传诵，成为有诗意情怀之人的精神图腾。

这句诗原本是这样写的："充满劳绩，人诗意地栖居在这片大地上。"

虽然不能说，无劳绩，不诗意。但至少它让我们明白：诗意，从来不是对艰苦劳动的超脱与离弃，相反，它来源于、扎根于日常艰辛的劳作之中，同时，它能施之以反哺，赋予劳作诗意。

这就是教师之难了：既要劳作，还要有诗意……

"充满劳绩"的教师如何才能有诗意，而且还要诗意地栖居在年复一年、日复一日的课堂上，栖居在成堆的作业本中，栖居在家长的抱怨与牢骚的喧嚣声浪之中，栖居在看似轻飘，实则沉重的分数丛林里？

教师的劳动任务，因重大而艰辛，因琐碎而疲倦，因不可避免的教育失败而愁苦。如何能让教师：

在充满劳绩中，诗意地栖居在教育的大地上？

10

有一种常见的教师病，是对教学技巧、方法和操作的迷恋或痴迷。他们推开书本，撇弃理论，摊开双手：请告诉我如何操作！

这是太多教师的习惯，我予以充分地理解和尊重。

不过，我坚持认为，这是操作控，技术控，是一种病，得治。

11

教师有自己的探索欲望：

探索学生的精神世界，探索自我的精神世界，探索如何使自我的精神世界与学生的精神世界交互共生。

后一种是教师独有的探索之路，这条路成就了教师。

1 2

请把"博大"赋予教师的灵魂吧……

这种博大不是"抽象的博大"，而是"具体的博大"，——人们很容易把以形容词表达的各种理想抽象化。

具体的博大，是具体容纳孩子的各种优缺点、各种过失，具体包容孩子成长的缓慢、倒退和对教育者的疏离、不恭。

不过，这只是作为一个优秀的成年人对儿童应该有的宽容，还不是教育者特有的宽容。

教育者的博大不只是名词，带着已成静态的心灵之框，单单静候一切事物抛掷进去，默然接受，或者在微笑的泪光中接受……

博大也不只是形容词，局限于对一种心灵状态的描述。

博大是动词，是"去博大"，是主动出击，在无条件地接受、包容一切的同时，还要主动做转化的工作，把感官所能触及到的任何事物都转化为教育的资源和教育的力量，转化为促使生命成长与发展的力量。

教师的"博大"，主要是作为动词而使用的。

13

我把从事教育和教育研究当作修炼自我生命，逼迫自我完善的一种途径和过程。

"在教育"，就是"在修炼"自我的生命，"在提升"自我生命的修为与境界。

14

教育过程之于学生的教育，同时也是对教师的教育。作为教育者的教师，从对学生的教育中也受到了一种教育：帮助学生的教师获得了救赎，改变学生的教师最终改变了自己。

15

在教师的世界里，我思故我在，即我教故我在。

我以教育的方式来思考世界和人生，我以思的方式进入教育、改造教育。

如果教育能够改造，一定首先是对教育之思的改造。

16

教育者的自我审视，是一门必修课。

一个教育者可能会以自我为中心，但这并不意味着对自我生命的透彻了解。

那个牢固不可破的自我生命的中心，往往是被空洞化和抽象化的中心。

面对学生，教育者在学会探问"你是谁？"的同时，还需要转向自身发问："我是谁？"

如同诗人杨键所低吟的：

"时常，我必须放下它，来精研我的存在，不管身处何世，我都不能使他模糊不清。"

17

如果没有对儿童的负疚之心，是难以做好教育的。

如果教育者总是希望儿童对自己感恩，而不是对自身的工作抱愧不已，教育者就成为地地道道的索取者：在施予之前，就匆匆忙忙地索取和收获感恩了。

伟大教育者的灵魂，是一颗负债的灵魂，是所教孩童的债务人，而不是债权人。

18

改革，是教师的宿命，也是教师成长的食粮。但很多教师没有改革的饥饿感。

饥渴于改革的教师有福了，成长是对他们必然的馈赠。

19

教育的光辉在哪里？在于让生命成长的力量。在于教育者那爱的眼神和柔情……

20

成功的教育，最怕教育者孤芳自赏地秀自己，最怕他成为那个迷恋自己水中倒影的希腊人纳西索斯。

21

教育是一场场无声的"战斗"。

与束缚生命成长的所有藩篱战斗，与教育者自我的生命局限战斗，与生命成长中的一切艰难险阻战斗。

要打赢这场战斗，教师首先要成为一名勇士，教育勇士之"勇"在于：

他清楚地知道推动生命成长是一场多么艰苦卓绝的战役，牺牲和磨难在所难免，即使这样，他仍然果敢地置身于这场战斗之中，把自己的生命交托出去。

22

当我试图成为一名教育者时，我首先想到的是成为一名
军人和战士。

军人的精神和母亲的情怀，是教育者的双重形象。

服从命令是军人的天职，服从生命成长的召唤则是教育
者的天职。

23

教师怎样看待生命，他就会拥有怎样的生命，他的学生
也会因此走向什么样的生命。

24

夜深人静时的自我追问：

"我"有没有通过从事教育工作，或者从事教育研究而
使自己的心灵越来越广阔和从容？

如果没有，一定不是教育出了问题，是"我"自己出了问题。

25

教育者的敏感，在于对成长中的心灵细节有深切的敏感

和痛苦的体认。

2 6

教育者具有的敏感，通常体现在对学生缺陷和不足的敏感上，但很少体现在对自身缺失的敏感上。

如果一个教育者能够因为对学生不足的敏感而生出对自我生命缺失的敏感，这样的教育就不再只是对受教育者的教育，也成为对教育者自我的教育。

2 7

世界存在着急吼吼的教育者，慢悠悠的教育者，不紧不慢的教育者。

各有其独特的教育效果。

2 8

置身于广袤的生命成长世界，教育者心存谦卑，敬畏生活，挚爱着教育生活中那些平常而温暖的生命细节。他迷恋教育语言的力量，并渴望每一个词语都能够在课堂上散发出智慧的光泽和悠远的诗意。

这是我多年前的诗意抒写。它被沉重且尖锐的教育生活撞击得伤痕累累，漏洞百出……但它的诗意还在其中挺立，发出微弱的嗡鸣之声，仍然让我的灵魂迷恋不已。

29

目睹某些教师麻木、僵硬、冷漠的面容，我的感觉是心痛，为他们的学生心痛，为他们的未来忧心：

也许，多年以后，走出校门的同样是一些麻木、漠然的脸庞，里面藏匿的是冷酷的灵魂。

30

每种职业都有它的"陋习"。

相比"好为人师"，我更难以忍受的教师陋习是"不爱学习"，对"学习"和自我改变的麻木不仁。

我的困惑不可阻挡：这怎么会成为"教师"的陋习？

31

教师，是以课堂为业，以课堂为生的人。

课堂是教师的星辰与大地，它把教师变成了上天入地、顶天立地的人。

32

当我年事已高，依然会千里迢迢赶往教育的墓地，悼念那些因教育而亡的灵魂，他们长年陷入卑微的孤独和寒冷之中。

33

我时常听到教师的各种教育叙事，里面有太多鲜活动人的教育之声。

最打动我的是这样一种声音：

以祥和平静的基调，诉说那些艰辛、困苦的内容，不抱怨、不哀怜，泪光静静地在心胸间闪烁……

执着却刻在了脸上。

34

教育者的人生结局，大多迥异，难以归类。

但他们的心灵归宿大抵脱不了两种结局：

越教越黑暗寒冷、越贫瘠荒凉；

越教越明亮温暖、越丰厚繁盛。

教育中的学生 16

1

学生，具有最充沛的可能性，是最悬而未决的生命，等待着教育者，以及未来的自己把这些隐匿的可能变为澄明的现实。

2

学生，是学会学习和自我发展的人。

学生，是学习如何把自己教育好的人。

3

没有被教育好的人，主要不是没有被教师、家长，即被他人教育好，而是没有被自己教育好的人。

这就是教育之于学生的使命和目标：

教会学生学会自己教育自己，学会"学以成己"。

教育的终极目的：把学生变成有能力把自己教育好的人。

4

教育者为学生创制一个山顶，并且告知他们，这是你们要去的地方，之后与他们一起攀登，共同登顶。

山顶，是教育目标，攀登的过程，是教育过程。

能否登顶成功，取决于三者：学生的兴趣和勇气、教师设置台阶的合理性、师生共同攀登的过程。

5

对学生的了解和理解，只有放在"师生关系"的背景下，才能得以充分实现。

师生关系，如同父母关系一样，是学生成长中最重要的"教育关系"。

有什么样的师生关系，就会有什么样的学生。

6

学生在学校中的安全感、信赖感，最根本的源泉在于"师生关系"。

7

优秀的教学大师，如苏霍姆林斯基一样，首先是研究学生的大师，接着才是构建和谐师生关系的大师。

8

多年以后，我才深切感受到：每天面对的学生是一些最纯粹、最纯真的生命体。

如果我拥有了一种美好的生活，学生必定是这种美好生活的一部分。

9

请善待"你"的学生，不要辜负了他们的纯真与纯粹，不要辜负了他们投向"你"的充满信任的眼神和期待，不要辜负了这些走到"你"身边，交到"你"手上的生命。

这是对教师的特殊要求，也是对教师的"命令"，不容更改，必须服从。

10

以学生为本，以学生为中心，这些我们时代流行的学生观已然变成了空洞的口号。

"空洞"表现在：教师眼中的学生，只是抽象的学生，模糊的学生，不准确的学生，成为说与不说都一样的学生。

11

把学生放在心中，就是要把真实、具体、生动和准确的学生放在教师心中。

此时，教师才得以真正进入学生的精神世界，理解他们、研究他们，进而帮助他们、改变他们、提升他们。

12

教育，从解读学生、研究学生开始，这是"教书育人"的起点，也是只有"教师"才有的"专业"。

13

心理学家在实验室里研究学生，教师在教室里研究学生。

前者获得的是"真空"中的知识，后者获得的则是"现实"中、"大地"上的知识。

14

在学校和班级中，我们不缺善于读懂学生的老师，最缺的是将读懂学生与读懂时代相连的老师。

在大时代中读懂每天面对的学生，是能力，更是智慧。

15

爱学生！这是所有人对教师的呼召和吁求，它甚至成了一种对教师的强求与命令。

只有教师才知道，一个简单的"爱"字承载了多少负重、多少艰辛，多少劳苦愁烦……

16

对学生的"爱"何以可能？

来自情感吗？他（她）不是"你"的孩子，不是"你"的家人和亲人，只是由于"你"的职业与工作，走进了"你"的世界，凭什么要产生"爱的情感"？

因为他（她）的成绩吗？长相吗？家庭背景吗？或者对

"你"的态度吗？

　　这些都是不牢靠的爱。这些爱里包含了各种"条件"，具有强烈的选择性。条件改变了，前提不存在了，爱就消失了。

　　如果他（她）的成绩一塌糊涂，拖了全班的后腿，还有爱吗？

　　如果他（她）的长相平庸，甚至怪异和丑陋，还有爱吗？

　　如果他（她）的家庭出身卑微，不会给老师带来任何交际上的益处，还有爱吗？

　　如果他（她）对老师的态度轻慢、怠慢或亵慢，还有爱吗？

　　如果依然还有爱，这种爱就不是出于"情感"，而是出于"理性"：

　　理智上认同每个学生的生命是这个世界上唯一、独特、不可替代的，都需要在百般克制、忍耐中，俯下身来，努力去挖掘、彰显和提升每一个学生生命的独特价值。

17

　　"一日为师，终身为父"？

　　我不同意，也不相信。

"父亲"首先是"血缘"，随后才是"亲情"。

维系师生关系依靠的是精神纽带，这种纽带会随着职业变迁、心境改变、地位转换而脱落。一旦离弃了这一纽带，真正的师生关系将不复存在，留下的只是空壳般的名号而已。

能够将与恩师的精神纽带延续终生、绵延一生的学生，即使不是"罕见"，也是"鲜见"。

18

在我已逝的师生关系生涯中，留下诸多误区与遗憾。

例如，希望学生跟自己有同样的兴趣，如阅读的兴趣，研究的兴趣，甚至期望学生能够从事与自己同样的职业，期盼学生毕业之后，还能记得我这个"导师"……

这种"一厢情愿"是美好得有些"过分"的愿望。不是所有的学生都是因为出于同样的兴趣和需要来到我的身边，即使是过去有，现在有，但将来未必有。

世界这么大，接触和遭遇的人与事如此之多，对昔日老师的遗忘属于常态。

何况，习惯性地遗忘他人的恩惠和帮助，也属于人性的一部分，——我亦然。

总有一些学生，会渐行渐远渐无书……

身为他们当年的老师，能够淡然处之，泰然任之，不纠结，不抱怨，然后轻轻放下，不易。

不放下，又能如何？

19

最糟糕的师生关系是"相互利用"、"相互工具化"。

教师把学生当作完成任务，提升业绩，获得荣誉，赢得奖励的工具。

学生把教师视为获取学位，找到工作，可供炫耀的工具。

20

最美好的师生关系，是经得起时间消逝的关系。

时间会削去那些外在之物，把最珍贵的根留下来。

这个根有原力，也有光，它照耀师生的一生。

21

在师生关系中，沉睡着一首歌。学生走了，它留下了。

这首歌平日隐匿在生活里，但总是会在恰当的时刻响起，同时在师生的心灵奏响。

22

当学生离开我之时，我希望他们把什么带走？

好的心态，好的口才，好的笔头，好的思维。

有此"四好"，虽不能"天下无敌"，但足以"行走天下"了。

17

教育中的理论与实践

1

理论与实践，教育中的永恒话题，也是教育的永恒源泉。

2

教育理论与实践的关系，需解决两大问题：

理论有了，实践怎么办？

实践有了，理论怎么办？

3

无论是理论，还是实践，都有内在的力量充盈其中，这种力量叫"改变"。

教育理论的力量，来自改变实践的力量。

教育实践的力量，来自改变理论的力量。

4

教育理论与实践的关系，在根子上是两类人之间的关系。

一类是教育理论人。一类是教育实践人。

这两大阵营时常要么相互蔑视，要么貌合神离……

我是谁？

我是在夹缝中生存的人，从两边汲取前行的力量。

5

我曾经带队到某校调研。校长的开场白是：今天来了很多"专家"，他们是搞理论的，我们是搞实践的。

会议室的这群人，立刻分成了"理论派"和"实践派"，相互对视的眼神里，多了些过去不曾有过的复杂和微妙……

我默然不语，但内心激荡不已。

6

理论需要"真"，但不能"空"；

实践可以"实"，但不能"假"

7

过度的"理论自信"，导致理论的傲慢。

过度的"实践自信"，导致实践的自负。

傲慢里有对实践的无知，自负里有对理论的恐惧。

8

我竭力避免陷入这么一种荒唐可笑的情境：

写了很多关于"教育理论与实践"的文章，发表了诸多这样、那样的观点，时间长了，俨然成了这方面的专家，但从来没有亲身实践过：如何让教育理论与实践相互结合？如何实现教育理论与实践的双向转化？

由于停留于纸面、黑板和电脑，或者论文、书本中，因此无论我堆积了多少文字，搜集了多少数据，绘制了多少表格，指出了多少缺陷，唱响了多少赞歌，仍然是原地踏步，依旧是以理论的方式，以割裂或分裂、矛盾或对立的方式，来表达理论与实践的结合与转化。

9

哲学解决价值问题，教育学解决价值的实践问题。

如果向哲学，哪怕是"实践哲学"要实践，那就高估了哲学，也为难了哲学。

但我们可以向教育学要价值，并为之理直气壮。

如果我们只是向教育学要实践，那就低估了教育学，也伤害了教育学。

教育学既可以向哲学要价值观，也有自信去创造价值观，更有能力让某种价值观转化为教育的生产力。

10

实践太有智慧！

它的智慧超出理论人的想象，它对理论智慧的烛照和超越迫使我们重新正视实践的版图，进而写下按语：

实践人值得理论人尊重和敬仰。

11

理论让我养成了思考的爱好与习惯，实践让我有了思考理论的资格和自信。

　　在大多数情况下，教育理论者和实践者的相互抱怨、相互批评都错了。

　　共同的错误是：只看到了对方阵营中的"坏分子"。

　　世界上既有"好理论"，也有"不好的理论"；既有"好实践"，也有"不好的实践"。

　　不知为什么，批评者们看不到好的理论或好的实践。

　　最糟糕的是：

　　把"坏理论"等同于理论本身。

　　把"坏实践"等同于实践本身。

１２

　　真正好的教育理论，是在消化了教育实践的粗犷与精细、野性与文雅、残酷与温情、刚强与柔软之后，剩下的东西。

１３

　　对"教育理论与实践"的探究，既可通向"知识"、"思想"、"理论"，也可通向"能力"。

　　当下最稀缺的是化"关系"为"能力"：

　　化理论为实践的能力，化实践为理论的能力。

14

我判断一个教育理论人是否具备读懂实践、改变实践的
能力，只需做一件事情：跟他走入课堂，听他怎么评课。

然后，看看实践者的眼神与表情吧，是清晰还是迷茫，
是信服还是不屑，是满足还是失落，是点头还是摇头？

15

"你"会听、评"我"的课，帮"我""改进"和"重
建""我"的课吗？

这是实践人对理论人最大的期待，也是理论人是否赢得
实践人发自内心的尊重和敬佩的根本标准。

16

教育理论人不能满足于当好实践的"鉴赏家"，只是唱
抒情的赞歌，或者做好"批评家"，满足于一针见血、痛快
淋漓的批判，更要当好"建筑家"，为实践人的改进和重建
提出具体可行的办法。

做不好"建筑家"的教育理论人，只能编织虚无缥缈的
理论云彩，总会有被风吹散的一天。

１７

最好的评课，是有思想的技术，有技术的思想。

１８

我最初迈入"新基础教育"的大门，开始听课、评课时，犯了不少理论人常犯的毛病：要么过于抽象，满嘴蹦出的都是抽象概念、抽象道理，或者说一些"正确的废话"；要么喜欢"套用"，用一个既定的理论模子，去套每一堂鲜活的课，理论是死的，课堂是活的，毕竟，课堂是活的教育理论。

１９

我是这样锤炼我的评课能力的。

第一步，寻找"模仿对象"。确立一个这方面的学习标杆，如我的导师叶澜。什么是"有思想的技术，有技术的思想"，听听她的评课就知道了。

第二步，"全程实录"。把她评课的每一句话都记录下来、记下来。

很多人也会走这一步，认真做笔记，认真做记录，但问题出在"记了以后，怎么办？"，一般情况下，记完了就合上笔记本，搁在包里，下次再听课，再重新打开笔记本，开始做新的记录……如果只停留于此，基本可以确定：如此辛苦记下来的东西，很快就会灰飞烟灭、烟消云散，是留不到脑海里，进入不了自我的精神世界的。顶多留在笔记本上，将来沾满灰尘，扔到垃圾废品站。

第三步，"复盘揣摩"。这是关键的一步。每次跟她听课、评课回来之后，当天晚上如高手下围棋后的"复盘"，重新打开笔记本或录音笔，在复盘中回放整个评课的过程，在回放中揣摩评课视角，揣摩她的评课语言。

最后一步，"反思重建"。与"复盘揣摩"相比，这同样是一种学习方式，后者是"旁观式学习"，前者是"返回自身式学习"。阅读、听报告、听别人评课等，如果只是"旁观"，而没有返回自身，与自我生命勾连起来，旁听、旁观之物同样也会面临灰飞烟灭、烟消云散，落得个"白茫茫大地真干净"的结局。

20

面对实践，理论人需要承担三个角色：

宣传员：相信理论的力量，普及、传播他认同的理论与思想；

教研员：进入课堂，如同佐藤学一样，以蚂蚁之眼看课堂，对教师进行具体而微的指导，当好"鉴赏家"、"批评家"和"建筑家"；

研究员：在实践中创生理论、发展理论，化实践为理论。

21

我在评课现场的长年浸泡中，养成了一种习惯：

当我准备讲出一个概念、一个观点，或者一套理论的时候，总想把它放入实践的情境内思考——

这个概念、这个观点、这个理论，如何变为实践的一部分？如何化概念为方法，化观点为方法，化理论为方法？

我的思考方向趋向明确：努力走出概念的丛林、观点的森林，走入真实、具体、鲜活的实践田野，让书本中的概念、观点和理论浸染土地的气息，拥有土地才有的生长力。

这一切旨在焕发理论原本应有的活力：改变实践的力量。

22

教育理论的担当者，是教育学。它是所有教育理论的家园。

23

教育学的学问：

探讨教育本身到底是什么；

探究教育为什么会处于这样的状态；

探索应该采取怎样的行动，使教育从一种状态走向另一种状态；

贯穿其中的，是对生命成长与发展的介入与改变，这种介入与改变，就是"实践"。

教育学的学问，是事关"生命·实践"的学问。

24

教育，旨在见证人性和生命成长的可能性。

教育学，是求证这种可能性的学问。

25

每个人都有表达自己梦想的方式。

历经多年岁月的磨砺、淘洗之后，我学会了以教育学来表达自我的梦想，接着，以教育学的方式实现梦想。

26

教育学需要探索所处时代的精神奥秘，但又不能屈从于、匍匐于它的脚下。

一个问题豁然而出：什么是教育学的使命？

为所处的时代和将来的时代贡献来自教育学的新的精神奥秘，进而以推动人的生命发展的方式引领时代。

27

教育学理论的抵达之地，首先是人的生命成长的神秘之湖，并以此为通道进入人类精神世界的隐秘腹地。

28

把教育学带回生命、实践和语言的身旁，让它们相互温暖，相互召唤，相互应答。

29

教育学，致力于破译生命成长的真相。在学理性的尖锐眼光的逼视下，各种美妙风景和尴尬图景一一显形，生命成长中的困境和伤痛无处藏身……

随后，教育学开始施展自己的疗伤技能。

30

教育学，如何成为一种安身立命的学问？

存有两条道路：

一是成为有关他人生命成长的学问；

二是成为自我生命成长的学问。

前一条道路常常被其他学问遮蔽，时常被自我扭曲，后一条道路则总是被遗忘，至今罕有人迹。

正因为如此，已有的教育学与大多数人无关。

31

我希望自己对人类的精神困境，对人类的教育命运有明确的"教育学承担"，这种承担是具体的承担而不是抽象的承担。

32

教育学应有对教育现场的阅读耐心，这是一种不应被时代喧嚣损坏的气质和耐心。

把辽阔教育大地上的种种生命情状作为研究伦理，把耐心倾听、敬畏生命、尊重实践作为基本的研究精神，在理论的森林中发出自己的声音，并让这些真实的声音产生育人的伟力。

33

教育学理论是通向"永恒"的道路之一。

它以教育学的方式回答人类共同且永恒的生存难题。

教育学的独特在于，它触及到了这个难题的内核：生命成长的难题。

教育学需要像意守丹田一样意守这一人世重大的精神难点，像打开天门一样打通教育者和受教育者的灵魂救赎之途。

34

成长体验是人类基本的生存体验。

就此，一种呼吁从教育学的世界里发出：

让人类的成长经验处在教育学的要求与审视之中，要让每个人生存的地基及其改造如何变得更加充实、坚实和丰实的问题，进入教育学的视野。

35

好的教育学的学问，需要兼容三种话语来表达：理论话语、实践话语和政策话语。

终身教育

18

1

每个人的"终身"，无论长短，不论境况，都是在"教育"之中完成的。

2

生命终，教育止。教育终，生命止。

终身教育的核心理念，莫过于此。

它隐含了这样一种拒绝：

拒绝将年龄、衰迈与教育分离开来，拒绝将年老作为自我教育停止的理由。

是否需要教育，与"年龄"无关。

3

人生，只要我们正确理解了"人生"，"终身"与"教育"就携手降临，超越一切困境。

每个人的终身教育，构成了每个人的一生。

终其一生，我们都将在教育他人与自我教育的穿梭转换中度过。

4

有了终身教育，哪怕有百岁之长，人生的每年与每天也都是新的，天天都迎来新的教育，新的人生。

5

我对终身教育的领悟，不是从朗格朗的《终身教育引论》中来的，也不是从任何一本研究终身教育的书籍中来的，而是从我的生命体验中来的。

在"我"这里，终身教育，不是概念，不是理论，是生命成长本身的领悟，那里有欢喜和温暖，也有疼痛与寒凉。

　　我多次与教师伙伴们交流：不要自我固化、自我板结化、自我化石化。表面上，是对他们的友情提醒，实际上，是一种自我警醒。

　　我时常发现自我生命的固化倾向、板结嫌疑，以及已有视角、已有好恶、已有经验在凝固之中变成"化石"的趋势。

　　这是年龄带来的，也是各种新的身份、头衔、荣誉的副产品，更是各种投来的或真诚或虚假的赞美带给我的"礼物"。

6

　　年老之后，我希望看到一组人生不同阶段的自画像。

　　我指的不是这具肉身的自画像，那里的眉目与神情、肤色与神色都处在肉眼可见的必然的颓唐黯淡之中。这样的自画像序列，展现了持续衰败、走向衰亡的个人生命史。

　　我指的是精神的自画像。我希望它每张都是新的，都有不同的精神底色次第呈现，充满了逐级向上的台阶感和提升感，越来越明亮而有光辉。

7

　　我什么时候开始习惯别人的附和与赞美，不习惯他人的沉默和批评，什么时候我的终身教育之路就陷入了停滞、僵化与衰败，并从停滞之处弥漫开来。

8

我的终身教育观，源于对老人衰老之相的"观看"。

在我的童年时代，从家里到学校的路上，要经过一个操场，旁边是一排排的平房，在上学或放学的时候，时常会看到一些老人长久坐在屋前的椅子上，两眼望天，空洞无神，嘴巴张着，口水长流……

我为之恸动不已。人生岁月，如此进入到空耗的境地。

当时之我最急迫的想法是：将来的我，可不要变成这样！

9

衰老是从习惯性的返回和追忆开始的。

衰老的标志，始于对往昔的频频回顾和驻足，并陶醉、沉醉、迷醉于其中，显现于对追忆的享受。

此时，思想已不再向前，而是一步步退后，退回到那些发生过的事实，且沉溺其中。

此刻，失去了对未来的想象和设计，丧失了创造新经验的可能。

在此处，肉体生命在延续，但自我教育的大门关闭，教育的历程止步不前，精神生命也随之终止。

这是终身教育的另一个信念：教育终，生命止。

10

我对衰老的警惕，来自抑制对以往生命经验的反复追忆和咀嚼，避免把追忆和对往昔的絮叨变为一种习惯。

我不会满足于身体的锻炼或者思想的体操，这些只是身心机能上的预防，顶多只是让身心保持活力。

许多老人仍然充满活力，只不过他们的活力用在了品味、咀嚼往昔经验的点点滴滴，并为之孜孜不倦。

11

母亲曾经告诉我一个体验：衰老，是从腿开始的。

我的体验则是：衰老，是从身体活动空间的逐渐缩小开始的。

两者勾连在一起：

因为腿脚不好的缘故，走不远了，走不出去了，所以，活动空间越来越小，衰老就此启动了令人心悸的旅程。

从飞机、高铁、大巴到轿车等交通工具共同延伸铺就的广阔世界，缩小到居室、床铺和轮椅等构成的袖珍世界……

　　从飞机上、高铁上看世界，到整日坐在自家窗户和自己的轮椅上看世界……

　　他们的世界从几千平方公里，缩减为几公里，直到缩减为几平方米……

　　终身教育，是以保持原有的活动空间，甚至打开新的生活空间为前提的。

12

　　衰老之于我的教育，还在于对人生瓶颈的感知。

　　无论处在哪个阶段，从幼年、童年、青年、中年到老年，每个阶段有每个阶段的瓶颈，突破了，就往上走了，就蜕变了，甚至凤凰涅槃了。突不破，就困在这个阶段的瓶颈里，活在一个小小的"瓷瓶"里，走不出了，走不到更高的台阶上了。

　　困在特定瓶颈中的"我"，"未来"依然有，但已经不是向上的未来、向更高远方向走去的未来，而是与"现在之我"一样的未来，甚至是更糟糕的向下的未来。

　　我把终身教育视为突破自我精神瓶颈的一种努力。

13

　　"瓶颈"的另一个说法，是"盔甲"。这副盔甲是我已有的思想、经验，已有的身份、职称、头衔、荣誉和名声，已有的各种物质财富与精神财富……

我们常常不可避免地戴着盔甲，走在通往未来之路上。

在起初，这些"盔甲"给了我们尊严和信心，也给了我们安全感，让我们有所依凭，抵抗人生的孤寂与寒冷。

"盔甲"也会变成我们的"节日"和"假日"，它承诺给人以欢乐、憩息与舒适。

但越往后，这些"盔甲"越会逐渐变成对生命的束缚和捆绑，失去改变的勇气和动力。在现在与未来之间、在保持与改变之间，这些盔甲总是存有古老的敌意。

如何对身上的重重"盔甲"产生警惕和反省，适当的时候卸下"盔甲"，让身心重新轻盈和丰盈起来，拥有再度飞翔的能力？

这是终身教育出现的意义。

14

终身教育，是在"假日后灰色的清晨降下一面色彩鲜艳的旗帜"，这面旗帜既是指引，也是召唤：永远让自我生命朝向未来，永不停歇地自我改变、自我蜕变。

15

作为一种"理想",终身教育只是一种可能性。有的人,终生停留于"可能"之中,有的人,不仅把可能变成了现实,而且让这种转变延续终生。

16

如何判断"我"有多大终身教育的可能性?

不妨这么自我追问:

我有对自身生命限度的敏感和体察吗?

我有对新知、新世界的渴望与期盼吗?

我还有爱的勇气和激情吗?

我突破了自身的瓶颈了吗?

17

"教育起源于交往",这同样适用于老年教育。

交往圈的缩小、停滞和固化,是老年痴呆、退化的社会原因。

终身教育,需要通过终身交往来维系。

１ ８

终身教育的世界里，有绵延终身的爱，也有持续一生的恨，更有绵绵不绝的爱恨交织。

１ ９

终身教育的出现，来自对这种社会现象的敏感与发问：

"不管学校教育期限有多长，到底有多少人在离开学校以后继续学习、继续吸收新知识、继续通过持续而有组织的努力来发展自己已有的技能和才智呢？"

"继续"和"持续"，终身教育的两大关键词。

它蕴含的信念朴素而有召唤力：

无论先后接受过多长时间的学校教育，走出校门的人，还能继续学习，继续自学，继续吸收新知识，继续自我成长与发展。

２ ０

在终身教育的体系里，"学校"只是一个短暂的插曲而已。

21

终身教育的出现，将人类的教育分成了两大类型：
持续终身的教育和限定于某一阶段的教育。

22

"终身教育"体系是两个连续体的联结：
人生连续体和教育连续体之间的联结。

这是一条从童年教育、青少年教育、成人教育、老年教育到死亡教育的连续体。

23

终身教育何以"广阔"？

它最先打通了人生不同阶段的教育通道，因此打通了整个人生与教育的通道，进而打通了社会与教育的通道，基础教育与成人教育、普通教育与职业教育的通道，让教育的道路和力量在无限延伸中无限弥漫、无限渗透。

终身教育何以"深刻"？

它让社会获得了"终身教育力"，让个人拥有了"终身学习力"。

24

终身教育的实现，意味着人与人的竞争延续终身："我"不跟你比这个阶段的得与失，"我"跟"你"比"终身"。

25

终身学习属于个人，终身教育属于全社会。

26

终身学习是个人的志向和能力，终身教育是社会的责任与事业。

27

终身学习，真正把个体生命的教育从外部强制变成了内在自觉。

只有到了终身教育的阶段，"教育本身就是目的"才有了彻底实现的可能。

28

教师不是终身教育的看客，也不能自诩为学生"终身学习"的推动者和引领者。

教师与学生共同终身学习，是终身教育充分实现的条件之一，甚至是首要条件。

29

终身教育，带领人类向"教育社会"迈进，使全人类团结起来，再次拥有属于全人类的"共同事业"。

30

从"终身教育"的角度，"理想社会"的标志之一是：

全面渗透终身教育的理念与原则，大多数人都从终身教育中获得了终身学习力。

31

"终身教育仍处于概念阶段。"半个世纪过去了，朗格朗的这个判断，依然有效。

"概念"会轻易说出，不难解读，更不难领会。

走出"概念阶段"，是对当下终身教育的一种急迫的呼唤。

32

通往终身教育的道路，既有很多路标，也有很多路障，最大的路障来自不同领域、不同机构的教育力的发挥相互隔离，甚至相互冲突。

33

教育作为"准备"，终身教育的理解方式是：这种准备不应限定在儿童期或青少年期，不把人生划定为两个截然分离的界线：

一端是准备期，另一端是享受期。所有的准备只是作为开端和起点，目的是为了后面的享受。

这如同把人类变成了松鼠，前半期勤恳工作，努力积攒"食物"，后半期躲在山洞里享受，直至进入"冬眠状态"。

一端是可能期，另一端是现实期。到了另一端，教育带给人的可能，都变成了现实。似乎人本身的可能性被消耗殆尽，全部转化为现实的存在，直至把已成的"现实"固化为"化石"，它可能会璀璨夺目变成"奇观"，但终归只是僵死的化石。

34

朗格朗是这么理解"准备"的：

"对儿童和青少年的教育工作不管怎样重要和必要，它都只是一种准备，只是真正的教育过程的一种不完美的开端。这种教育只有在成人中进行时，才能体现它的全部意义和发挥它的全部潜能。"

这种理解有革命性的新意，但并不彻底，仍然留有旧观念的胎记。

人类终其一生，都处在准备之中。"准备"延长为一生，"准备"没有穷尽……人类应该"时刻准备着"。

人生在不同阶段，都可以重新开始，都拥有新的开端，哪怕它多么不完美，多么千疮百孔，惨不忍睹……

每一个新的开端，都是为下一个开端所作的"准备"。

35

终身教育的实现，必须伴随人类社会体制、机制和制度的改变。

这是一种不同领域、不同部门、不同群体之间的对话机制、商讨机制与协作机制。

它将在全时空、全领域、全人类的无死角、全覆盖中实现全体制、全机制、全制度育人。

这是一个巨大的金字塔工程，多少年了，才刚刚处于萌芽状态，甚至"塔基"都尚未建成。

36

破除终身教育的三大误区：

终身教育等同于终身学习。

终身教育等同于成人教育。

终身教育等同于校外教育。

37

终身教育把人类引向这样的新时代：

全社会、全过程、全时空、全体制、全机制、全制度"系统育人"的新时代。

这可能是人类有史以来最伟大的社会工程。

后记 /

不是格言，
是迷惘

life
▽
forever
△
education

1

　　如果把这些吉光片羽式的感悟视为"格言"、"箴言"，
对读者来说是一种拔高或高看，对我而言，是一种自大或自
恋。我不曾有过这样的奢望。那种培根式的带有教化目的的
"格言"时代已然过去。

　　这些文字，更多的是一种自我对自我的倾诉，自我对自
我的审视，最多是自己对自己的教化。

　　确实，写到"后记"时的我，悄然发现了一种微妙的

变化：

与写下第一句感悟之时的我相比，这个生命已然有所改变。

这是认真的思考与写作带给个体生命必然的成长。

只要认真，必有成长。

通过此书，我完成了一次自我教化之旅。

2

随后的事情，周国平早已在《人与永恒》的前言中替我安排好了：

"我的理解听凭读者处置，我的困惑只属于我自己"。

当我再度与这句话相遇，在怦然心动、会心一笑间顿悟了"缘分"的深义。

3

曾经一度设想为自己的文字配上插图，呼应这个图像时代，后来打消了这个念头。我还是想保持纯文字的姿态，以"素颜"的方式面对世界。

我依然倾心于纯粹的文字之美。

这样的美，救活了多少人，包括我自己。

我老化了吗？开始固执了吗？不愿改变了吗？

我自问，但允许自己沉默不语。

4

尽量不要"掉书袋"！这是我写作此书时的自我命令。

以赤裸裸的精神感官，以永恒之眼，直面教育的事实，获得最直观的生命体验，确保生成独属于自身的存在体验。

5

与我以往的研究与写作相比，本书最大的不同是，纯粹出于自我的诸多迷茫或迷惘，发自于内心的探秘欲望。

它表现为提问的冲动。中国有谚语：

"提问题的人是五分钟的傻瓜，不提问题的人永远都是傻瓜。"

这至少说明，我不想做一个傻瓜。

我甩开了思想的膀子，孜孜不倦地通过提问来探秘。

最大的秘密之源还不是教育本身，而在于教育与永恒的关系，更在于教育、永恒和自我的关系。

我深知这个谜底"深不可测"且"永无尽头"，但我依然兴致勃勃，乐此不疲。

在猜谜或解谜的过程中，我努力实现自我教育、自我成长。

6

写就此书时，我已至知天命之年。

通过此书，我追忆以往所受的教育和所看到、体验到、感悟到的教育，我知道这些与真正的"永恒"无关，但与我这个人的生命有关。

既然，每个人都是宇宙自然中的独一无二，我何尝不是一个"前无古人，后无来者"的生命？

"我"这个生命的独特与不可替代，本身就是永恒的。

每个生命一旦出生，就是永恒。

"我"即永恒。

每人即永恒。

7

"欲将心事付瑶琴，知音少，弦断有谁听"，这是一句永恒的喟叹，必定会代代相传。

8

我断然放弃了只做"批评家"的念头，"愤青"时代早已过去。

如今之我，本能地对"批评家"敬而远之。很多"批评"变成了纯粹的"否定"，或者"为否定而否定"。在高分贝的批判声浪里，只有愤怒，没有爱，但这并不意味着否定批评或批判的价值，它是通往建构或重建的必经之路。

书中偶尔也会流露"批评"的冲动和惯习，也因此可能会招致他人的批评，好在有莎士比亚的教导作为我的盾牌或盔甲："接受每个人的批评，但要保留你自己的判断。"

不管怎样，我决定率性一把暂且原谅自己的"老毛病"，并且努力朝向真正的批评：

"真正的批评是连绵不绝的爱"。

9

吴宓当年在清华大学开了一门课："文学与人生"，在教案里写下了第一条课程目标："把我自己——我的所见所闻、我的所思所感、我的直接和间接的人生经验——最好的东西给予学生。"

我把此话的前半句，献给所有读者。

当然，有缘通过此书相遇的读者，不是学生，是教育与永恒之路上的同行者。

10

阅读是一种汇集，也是对某种召唤的应答，或错过。

如果碰巧，读者听出了我的某种召唤，并作出了某些应答，那是我的幸运。

如果恰巧，读者也错过了什么，那就让我们都会心一笑。

交错而过的人生，是常态且真实的人生。

11

我不想"教育读者"，我必须改掉"好为人师"、"谆谆教导"他人的臭毛病。

蒙田的自述也是对我的告诫：

"我宁愿以一种朴实、自然和平平常常的姿态出现在读者面前，而不作任何人为的努力，因为我描绘的是我自己。我的缺点，我的幼稚的文笔，将以不冒犯公众为原则，活生生地展现在书中。"

这种"自我展现"的最终目的是"教育自己"，从各种直接经验和间接经验中自我教育，并因此改变自己，这种自我改变不会在人生的某个阶段戛然而止，将一直延续到人生的尽头。

1 2

为化解心中的迷惘，此书写完了。但我依然迷惘……

海德格尔说："运伟大之思者必行伟大之迷途"，"伟大"不适合我，"迷途"适合我。

最深的迷惘，都是由矛盾构成的。在呓语式的迷思之中，我已经感受到诸多矛盾之处。这是我的无能为力之处，也是我的真实之处。

有矛盾的地方，就有真实。

1 3

写下，就是永恒。文字中的生命能量注定会在某时某刻消散，也一定会在某时某地重新聚集，以新的方式诞生。

能量守恒。

1 4

以教育的眼光，凝视永恒，参与永恒，建构永恒，创造永恒。

我写就了此书，并没有进入永恒之门，只是在门外，轻轻敲响了它。

15

写完此书时，我在德国。

在橙黄色的灯光下，敲击着电脑键盘，窗外雪花漫天飞舞，德意志哲人们的面容在天空中若隐若现……

此时，我还期待着将炉火点燃，映照着沉静的眼神，那是凝视永恒的眼神。

16

"我为什么写作？"这是奥威尔等无数作家回答过的问题。

对我而言，写作让我安宁，进入岑静之境。我的精神得以穿上寂静的盛装，挺立于孤寂的世界里。

孤寂，是人生的本质与归宿，是人性深刻的缩影和最深的奥秘。

没有孤寂，就没有自由，就没有人生在某时某刻的神秘飞翔，或者飞升。

感谢《教育与永恒》，让我的孤寂复活，重回寂寞与自由之境。

17

在贫困时代里诗人何为？

这是典型的海德格尔式的问题。他的一生，是频繁追问的一生，提出过无数个问题。这是他提出过的最发人深省的问题之一。在他眼里，神性从人间的逃遁、退隐和陨落，导致了时代的贫困。

我无法给自身所处的时代标注为"贫困"，每个时代有每个时代的贫困，也有每个时代的富饶。

但我能追问：

在这个时代里教育者何为？

在这个时代里教育学者何为？

18

感谢此书的策划编辑朱永通。从约稿到漫长的等待，他展现了非凡的耐心。这样的人，是不多见的。

交稿之时，我突然发现了他的姓名与我的书名之间的相通之处，都共享一个"永"字，正是这个汉字，将我、他和周国平，以及更多人的生命联结了起来。

世界真奇妙。

致 未 知 的 日 子

一

我相信，日子会一天天变美，
把粗糙的世界磨砺得平滑光洁，
每天都在滑行中盛开固执的誓言。

我相信，日子会一天天变长，
把破碎的情感缝合得完整无暇，
终于可以重复热切发烫的话语，
潜心编织已成为现实的梦境。

我相信，日子会一天天变软，
把旧日子的幸福泡成松软的典故，
骑马归来的我们低头思量，
漫山遍野的梅花，
瞬间从地上回到了枝头。

二

被摆渡的寂静，

已然醒来，

躺在雪地里与永恒为伴。

那些忧伤的蓝色，

披着雪花，

试图感动低垂的群山。

曾经为生活说过的话，

缓缓走过，

身边簇拥的，是时间的白发。

图书在版编目（CIP）数据

教育与永恒 / 李政涛著 . —上海：华东师范大学出版社，2019
ISBN 978‑7‑5675‑9217‑9

Ⅰ.①教 ...　Ⅱ.①李 ...　Ⅲ.①教育哲学—文集　Ⅳ.① G40-02

中国版本图书馆 CIP 数据核字（2019）第 091289 号

大夏书系·名家谈教育

教育与永恒

著　　者	李政涛
策划编辑	朱永通
审读编辑	任媛媛
装帧设计	奇文云海·设计顾问

出版发行	华东师范大学出版社
社　　址	上海市中山北路 3663 号　邮编　200062
网　　址	www.ecnupress.com.cn
电　　话	021‑60821666
客服电话	021‑62865537
邮购电话	021‑62869887　地址　上海市中山北路 3663 号华东师范大学校内先锋路口
网　　店	http：//hdsdcbs.tmall.com

印 刷 者	北京汇林印务有限公司
开　　本	890×1240　32 开
插　　页	2
印　　张	9
字　　数	140 千字
版　　次	2019 年 7 月第一版
印　　次	2021 年 1 月第七次
印　　数	26 701–31 700
书　　号	ISBN 978‑7‑5675‑9217‑9/G·12099
定　　价	45.00 元

出 版 人	王　焰

（如发现本版图书有印订质量问题，请寄回本社市场部调换或电话 021-62865537 联系）